编者的话

在中国科普作家协会名誉理事长王麦林和上海市科普作家协会名誉理事长、中国科学院院士褚君浩的关怀鼓励及上海科学技术文献出版社总编辑张树的热心支持下，《科普大咖是怎样炼成的（诗与画）》终于与读者见面，实现了多年的愿望，使我们感到莫大的欣慰。

本书策划编写过程中得到上海市科普作家协会原理事夏振亚、知识产权出版社原编辑祝元志和上海科学技术文献出版社科普编辑室主任王珺给予的指点帮助，在此一并致谢。限于能力，书中难免有疏漏欠妥之处，敬请科普工作者和广大读者批评指正。

序

阅读科普作家李正兴先生发来的《科普大咖是怎样炼成的(诗与画)》的诗稿和版式，感到惊喜。阅读这部科普图册是沁人肺腑的享受，跃入眼帘的许许多多闪烁发光的亮点，使人为之振奋。

李正兴先生的《科普大咖是怎样炼成的(诗与画)》运用诗歌的形式，再由科普美术家蔡康非将63位在科学技术专业上学有建树且对科普创作情有独钟的专家、学者，从事科普创作及其理论研究的作者、译者、美术工作者和摄影工作者以及编辑、记者、编导等的丰功伟绩，用绘画艺术将其生动活泼、栩栩如生地塑造出来，是一种令人钦佩的创举。每首诗、每幅画都展现了这群科学家、科普专家投身于科普的无私奉献精神和无比高尚的科普情怀。他们“朝耕晨曦暮耘霞，智慧真情凝笔下。几多辛勤结硕果，科普天地绽奇葩”的气概，将激励着广大读者尤其是青少年去爱祖国、爱科学、爱科普。

李正兴先生自1978年11月上海市科普创作协会(2004年更改为上海市科普作家协会)成立以来，一直是一名协会的忠实组织者和管理工作者，期间担任协会专职秘书长一职长达20年之久，与许多科普名家长期密切相处，结下了深厚的友谊，深受科普名家们的爱戴。20 多年来，他亲眼目睹了科普名家们的创作成果，感到有责任用文学手笔，用诗歌神韵，用绘画艺术把他们的独特风采和卓越的成就展现出来与广大公众分享。

近 10 年来，由李正兴先生组织的画配诗、诗配图是协会举办和编制的科普漫画展和“科学家庭”系列科普图册、科普挂图的特色。利用诗与画的形式汇集颂扬科学家、科普专家出版科普图册，当前在书市上尚属罕见。这种诗与画的形式是一种创新，属于原创性的科普作品，值得肯定。相信，充满诗情画意的彩色版《科普大咖是怎样炼成的（诗与画）》图册的问世，将会得到广大读者的赏识。

中国科学院院士、上海市科普作家协会名誉理事长

2018 年 6 月

前言

诗歌是用高度凝练的形象生动的语言，集中地概括反映社会生活的一种文学体裁。以诗歌的形式颂扬社会美德和优秀人物的精神风貌，无疑是一种有效的宣传方式。笔者平时喜爱诗歌，虽未完全掌握它的韵律规则，但也时常动笔练习一些打油诗，力求押韵，琅琅上口。笔者为上海市科普作家协会原秘书长，从事科普组织工作30多年，经常与一些科普名家密切相处，目睹了他们的创作成果和热心科普的敬业精神，深感有必要借用诗（叙事诗）、文、图（画）相结合的创新形式，颂扬这些科普大咖奉献科普事业的丰功伟绩和精神风貌。通过与上海市科普作家协会原副秘书长、上海科学技术出版社美术编辑室原主任、科普美术家蔡康非精诚合作，用诗、文、图对照，力求做到科普成就和科普方法与人物形象和科普思维的融合和呼应，向广大读者尤其是青少年介绍科普名家的神韵，以期激励他们爱祖国、爱科普的热情，推动形成讲科学、爱科学、学科学、用科学的良好氛围。

2018年6月

目录

少儿良师

Kepu daka

叶永烈

叶永烈（1940-　）浙江温州人。一级作家／教授。毕业于北京大学化学系。曾任上海科教电影制片厂编导、世界科幻小说协会理事、中国科普作家协会常务理事、上海市科普作家协会副理事长。创作内容以儿童文学、科幻小说、科普文学及纪实文学为主。文化部、中国科协曾联合举行隆重授奖仪式，授予他“全国先进科普工作者”称号，被中国科普作家协会表彰为“有突出贡献的科普作家”，被上海市科普作家协会授予“优秀科普作家”称号，荣获首批中国“科普编创学科带头人”称号。他的创作硕果累累，共约3000万字。《叶永烈科普全集》（28卷）2017年在上海书展亮相。

小小“豆腐干”起家

一

一块小小“豆腐干”[1]，文学火花被点燃。
《碳的一家》[2]小品集，北大学生心狂欢。

二

科普名著佼佼者[3]，初版潜心挑大梁。
六版披挂再上阵，妙笔生花科普旺。

三

造就科幻《小灵通》[4]，耀眼“明星”云霄冲。
未来世界去漫游，激发少年科学梦。

① 叶永烈小学五年级在《浙南日报》(现为《温州日报》)上发表的第一篇作品《短歌》，使他在学校里从少先队员连升三级，臂戴“三道杠”成为大队宣传委员。就是这块小小“豆腐干”，点燃了心中的火花，决定了他一生的方向。他的文学道路就是从这一块小小“豆腐干”开始的。

② 叶永烈 19 岁时把为《科学小报》(现为《北京科技报》)等报刊发表的文章结集整理，由少年儿童出版社出版，定名为《碳的一家》。这部科学小品集的出版，对他以后人生道路上的“辉煌”是个铺垫。很快担任此书的责任编辑就约请他担任《十万个为什么》化学分册的撰稿工作。

③ 这里的名著指《十万个为什么》，叶永烈 20 岁就成为它的主要作者，到第六版《十万个为什么》问世，他共为该书写了 500 多篇作品，成为《十万个为什么》的顶梁柱。

④ 叶永烈 21 岁创作的《小灵通漫游未来》，凭借如椽妙笔，不但创造出“小灵通”这个令人难忘的艺术形象，更科学地描绘了他对未来的美好幻想。该书一出版引起各地读者的抢购，很快便风行全国，印数达到 300 万册，创造了中国科学幻想小说的一个吉尼斯纪录。

曹燕芳

曹燕芳（1925–2016）湖北武汉人。编审。毕业于四川大学物理系。曾任少年儿童出版社副总编辑、中国科普作家协会常务理事、上海市科普作家协会副秘书长。编辑了《科学家谈 21 世纪》等科普书籍，尤其是 1961 年“六一”儿童节，中国少儿科普名著《十万个为什么》(一套 5 卷，其中 4 卷都是她编辑的）出版，她是为这套书挑大梁的。荣获首批中国“科普编创学科带头人”称号，被上海市科普作家协会授予荣誉会员和“优秀科普编辑（记者）”称号。

少儿为名著定命题

喋喋不休孩提问[1]，少儿名著定命题。

故事打头孩爱看，文字有趣儿欢喜。

选择作者靠慧眼[2]，培养人才有根基。

五个分册她占四，精心编辑见功底。

① 1959年，少年儿童出版社着手准备为小学高年级和初中学生编一套自然科学“百科”式的回答各种问题的书，当时曹燕芳想起了自己的孩子喋喋不休的问题：这是为什么？那是为什么？从天上的星星月亮，到地上的楼房汽车，孩子们看见什么，就缠着她问什么，还时常打破砂锅问到底。最后《十万个为什么》的书名就是根据孩子们提问的启示而确定的。

② 曹燕芳在编辑《十万个为什么》时，选择了北京大学化学系学生（19岁）写出《碳的一家》（少年儿童出版社出版，曹燕芳任编辑）作者叶永烈，初版5卷共947个“为什么”，叶永烈写了326个“为什么”。在《十万个为什么》物理分册一卷中，曹燕芳选择了同济大学机电系研究生许钟麟（书中笔名：路明）。这两位著名的科普作家的成长是曹燕芳培养的许许多多的科普创作人才的典范。她并不计较作者的资历，而是注重其创作才能，人称她是一位慧眼金睛，爱惜科普人才的大编辑。叶永烈常说曹燕芳是他的启蒙老师。

王国忠

王国忠（1927–2010）江苏无锡人。编审。毕业于江苏农学院农艺系。曾任少年儿童出版社副总编辑、上海科学技术出版社社长、上海市新闻出版局局长、上海市文史馆馆长、上海市科普作家协会副理事长等职。策划主编《十万个为什么》等科普书籍。被中国科普作家协会表彰为“有突出贡献的科普作家”，被上海市科普作协授予“优秀科普作家”“优秀科普编辑（记者）”称号，荣获首批中国“科普编创学科带头人”称号。

躬耕少儿科普园

一

长盛不衰千万套，少儿名著中国造①。
适应时机上台阶，姐妹名著又叫好②。

二

精干团队领头人③，躬耕少儿科普园。
遴选精品佳作篇④，廿一世纪大礼献。

三

科普编纂孺子牛，痴情科普勤探求⑤。
科学播种践行者⑥，科普园里结硕果。

① 名著指《十万个为什么》，自1961年起由少年儿童出版社出版。当时他是该社知识编辑室主任，这套书是由他负责。

② 王国忠领衔主编的《幼儿十万个为什么》1989年由四川少年儿童出版社出版、《新编十万个为什么》1992年由广西科学技术出版社出版，这也是《十万个为什么》的延伸。

③ 王国忠是中国科普作家协会少儿专业委员会主任，中国少儿科普编创有一个精干的团队，他就是这个团队的领头人。

④ 王国忠主编的《儿童科普佳作选》1984年4月由少年儿童出版社出版，《少年科普佳作选》1984年5月由中国少年儿童出版社出版。《中国少儿科普50年精品文库》1999年由大象出版社出版，为迎接21世纪献上了一份大礼。

⑤《王国忠文集》的第一部分是“论文”，约占文集的五分之一，其中大多数是论述少儿科普的，如《破茧而出》《十字路口的思索》在圈内影响很大。

⑥ 王国忠创作的科普作品体裁多样，散文、随笔有《狗熊式读书方法》等；科幻小说有《黑龙号失踪》等；科学童话、科学故事、科学小品有《海龙王发怒》《飞到南方去》《花盆里的那棵小松树》等；游记有《西天目山消夏记》等。

达世新

达世新（1956－　）江苏镇江人。作家。毕业于上海师范大学中文系。上海广播电视台高级编辑，历任制作人、部主任等。曾任中国科普作家协会理事、上海市科普作家协会副理事长。创作出版了军事文学、科学纪实文学、科幻小说、科学童话等 20 多种书籍，以及科学题材的影视剧等。他的科普作品和科普论文多次获得国家和省部级的重要奖项。被上海市科普作家协会授予“优秀科普作家”称号，被评为全国“百优”广播电视理论工作者。

全视角和冲击力

一

军事园地耕耘忙，中校头衔肩上扛①。

新闻文学电影界，视野开阔激情昂。

二

获奖作品现功底，广播电视奇意创。

创作抢占制高点，科学大片岂能让②。

三

《相继消失》英文版，里根总统亦珍藏③。

《奇幻之旅“叶子”车》④，上海世博闪金光。

① 达世新是从事广播电视 30 多年的知名节目制作人，多年兼任上海电视台的军事节目策划。由于他在军事作品的创作和报道方面成绩斐然，被中国人民解放军授予预备役中校军衔。

② 达世新特别关注中国的科学影视大片，屡屡撰文为之呼吁，2010 年他撰写的《期待中国的科学大片！》在《文汇报》发表后随即被《人民网》等数十个网站转发，反响热烈。《不能没有你：中国的科学大片》收入 2014 年中国科普作家协会成立 35 周年《科普与中国梦高层论坛暨 2014 年学术年会论文集》。

③ 达世新不仅是著名的军事作家，而且还是出色的科幻作家。在他科学文艺创作中，科幻小说占了很大的比例。美国前总统里根看了他将反物质知识跟自已访华经历相关的科幻小说《相继消失》的英译文后，亲笔写信给达世新说：“我将永远珍藏这份奇妙的纪念品。”

④ 2010 年上海世博会前夕，上海汽车集团公司通过上海市科普作家协会邀请达世新根据新研制的概念车——“叶子”车，赶写一部科幻作品，参与世博会的宣传。达世新通过采访、阅读技术资料，在最短的时间里完成了中篇概念车的科幻小说。当年 8 月出版的“新概念汽车小说集”，书名即《“叶子”车的奇幻之旅》。最近又出版了长篇科幻小说《玄机无界》。

陈伟新

陈伟新（1947－　）上海人。编审。毕业于上海教育学院中文系。曾任上海教育报刊总社总编辑。现任中国上海头脑奥林匹克协会执行主席、中国少儿报刊工作者协会副会长、中国创造学会理事等职。他从事青少年科普工作30多年，编写、翻译了近300万字的科普作品。荣获第五届“上海市大众科学奖”等。荣获首批中国“科普编创学科带头人”称号，被中国科普作家协会表彰为“有突出贡献的科普作家”。被上海市科普作家协会授予“优秀科普作家”、“优秀科普编辑（记者）”称号。

我的科普梦

白日做梦非乱想①，头脑奥运心神往②。
编辑作家皆科普，异国他乡登讲堂。
知识海空探索者，创新天地少儿郎。
现代科普青少年③，创造精神须发扬。

① 陈伟新撰文说：“白日做梦”在美国却可以属于褒义词。受叶至善前辈的启发，他开始做起了“科普梦”：在当好科普编辑的同时立志成为一名科普作家，利用自己对少年儿童相对熟悉的优势，向他们普及生动有趣的科技知识，创作、编写优秀的科普作品，为少年儿童提供丰富的精神食粮。

② 头脑奥林匹克 1978 年源于美国，是一项国际性青少年科技活动，旨在开发青少年创造力，提高他们的综合素质。1987 年秋天，头脑奥林匹克活动创始人、世界头脑奥林匹克协会主席米克卢斯教授来上海参加国际创造学会议期间对陈伟新说：“我们已经举行了八届世界头脑奥林匹克决赛，但没有中国人参加就不能称为名副其实的世界决赛。”为此，陈伟新又做起了“科普梦”：我们应走出国门，冲向世界。于是决定由少年报社出面组织举办中国上海第一届头脑奥林匹克竞赛。1988 年 5 月，他带领中国队参加了第 9 届世界头脑奥林匹克决赛。此后，他多次带中国队参赛，取得可喜的成绩。

③ 陈伟新认为，青少年需要现代科普，要发扬创造精神、团队精神，力求三个结合：动脑与动手结合；科学与艺术结合；人文精神与科学精神结合。

王志冲

王志冲（1936－　）上海人。翻译家、作家。自学成才，被誉为中国当代的“保尔·柯察金”。出版著、译作60余种，其中科幻小说、科学童话深受少儿读者的欢迎。他的新译本《钢铁是怎样炼成的》自1998年起，先后推出精装本、名著必读本等5种版式，印数达20万册。最近，我国第一套中文版《奥斯特洛夫斯基全集》由82岁的他翻译出版。著作《不是神童也成才——我与命运抗争》获得文化部、广电总局、新闻出版署和中国残联颁发的“奋发文明进步奖”。

坎坷人生似“保尔”①

一

坎坷人生似保尔，病榻铸就自成才②。
译俄名著少儿版，“钢铁”世界闪光彩。

二

童心童趣伴科学，童诗童话满胸怀③。
奇思异彩翩翩舞，异域智慧纷纷来④。

① 保尔，指全身瘫痪双目失明的苏联作家奥斯特洛夫斯基。他用自己的战斗经历作素材，以顽强的意志撰写的长篇小说《钢铁是怎样炼成的》是 20 世纪 30 年代苏联的优秀文学作品。此书问世以来，王志冲同书中的主人公保尔·柯察金一起，成为千千万万有志青年的朋友和楷模。

② 王志冲十四五岁时罹患无法治愈的强直性脊椎炎，病痛迫使他中断初三的学业。以后，每天躺在家里的铁床上，全身处于僵直姿态。是《钢铁是怎样炼成的》主人公保尔·柯察金的道路激励了他。从此，保尔的热血生涯、不屈不挠、正直和坚强，像阳光般照亮了他的心灵。他利用家中陈旧的收音机和俄华大辞典开始了“上海俄语广播学校”课程的学习，闯过一个个难关，终于自学成才。一张桌面微斜的小桌，一把特制的靠椅，籍此他开始了一篇又一篇的译作。

③ 王志冲创作的童诗悦耳动人，仿佛将读者带回孩提年代。如《好帮手》：四楼，三楼，二楼，一楼；开箱，取报纸，回头走。一楼，二楼，三楼，四楼；妈妈，直夸我：好帮手。

④ 这里的“异域”系指国外。他的少儿科普作品涉及到 7 个国家。

姚志成

姚志成（1930–2011）江苏吴县人。少儿科普教育专家。毕业于上海市女子师范学校。曾任上海市少年科技站（现为上海市科技艺术教育中心）首任站长，上海市科协普及部部长，上海市青少年科普促进会秘书长。她离休后的拼搏精神和幼儿科普教育活动事迹被收入上海市科技系统干部老有所为先进事迹选集——《桑榆辉映添春色》，并刊载在中央组织部编印出版的大型画册中。

桑榆辉映添春色

一

沙盘上开河堆山①，“池塘”边成群戏玩。
异国孩童智启蒙，沪上少儿扬风帆。

二

率儿奔赴大自然②，鸟语虫鸣水潺潺。
漫山遍野赏花草，麦苗稻秧波灿灿。

三

扎根科普百花园③，开垦沃土幼苗田。
离休之际传喜讯，“白玉兰奖”荣誉添。

① 1981年12月，姚志成作为中国科技教育代表团成员访问法国，她着重考察幼儿科普教育。凭借在法国幼儿园的所见所闻，对照中国幼儿课堂教育情况，构想着上海幼儿科普教育活动的蓝图。回到上海后，在上海市科学技术协会和上海市青少年科普促进会的支持下，这份充满生机的蓝图兑现了。

② 姚志成开创性地为孩子们争取了许多走出课堂、接触社会、增长见识的机会，坚持每年开展“六一幼儿爱科学日”活动，组建以小学生为主的“上海市学生考察团”，带领孩子们奔赴大自然，体验“快乐的星期天”，在孩子们幼小的心灵里播下了爱祖国、爱科学的种子。

③ 姚志成1985年离休后仍担任上海市青少年科普促进会秘书长，对少儿科普工作更是专心致志，利用毕生的精力，全方位开展少儿科普工作，重点建设项目抓中青年辅导员技能和素质的提高，为21世纪的少儿科普工作培养锻炼出一支出色的队伍。1988年荣获上海市少年儿童工作的最高奖——“白玉兰奖”。她扎根少儿科普园地40余年，为下一代的成长奉献了炽热的心和诚挚的爱，获此殊荣当之无愧。

盛如梅

盛如梅（1933－　）江苏无锡人。作家。大专毕业。曾任儿童时代社副总编、中国科普作家协会少儿委员会委员、上海市科普作家协会理事。著有中短篇科学童话集《马小虎办奇案》等，主编《名家科学童话选》等 30 多种图书。被中国科普作家协会表彰为“有突出贡献的科普作家”，被上海市科普作家协会授予“优秀科普作家”“优秀科普编辑（记者）”称号。

魅力的探索者[1]

一

知识融合有情趣，适应儿童合口味[2]。
丰富想象不可少，启发儿童添思维。

二

激发儿童好奇心，产生求知有欲望[3]。
发展儿童想象力，异想天开去向往。

三

少儿文艺爱童话，科学童话有爱心[4]。
自比园中一小草，献给大地点绿情。

① 盛如梅长期以来，在从事少儿文学编辑的间隙和业余时间投身于少儿科普的文艺创作和理论探索，取得了丰硕成果，可谓是儿童科普作品魅力的探索者。

② 盛如梅在编选少儿科普佳作过程中，深感凡是孩子们喜爱的科普作品，必须具有它自己的特色——也就是儿童味。一要有情，情就是情感，要符合儿童的思想感情，要以情动人；二要有趣，儿童时期广泛的求知兴趣，孩子们什么都想知道；三要有幻，“幻”是想象，作品中要有丰富的想象。

③ 一个渴望得到黄金的人，遇见一位会点石成金的神仙，神仙点了很多黄金给他，问：“满意了吧？”那人摇头说：“不，我要点石成金的指头。”盛如梅借用这个故事，指出就“黄金”和“指头”的关系而言，把黄金比作知识，智慧好比能点石成金的指头，如果去问小朋友，他们也一定会说：我们渴望得到知识，但更希望得到点石成金的指头——智慧。

④ 盛如梅创作的少儿科普文艺作品，有激发儿童好奇心，调动儿童思维活动，发展儿童想象力等特点。她尤其喜欢写科学童话，在科学童话里倾注爱心，愿把自己比作一棵小草，给大地送上一丁点儿绿，用科学童话奉献给少年朋友一份绿。

于 宙

于宙（1937－　）江苏句容人。毕业于上海电视大学中文系。曾任上海《动手做报》副主编，上海市科普作家协会少儿专业委员会副主任。他所学的是中文，落脚在科技创新教育上。从 1982 年参加“全国青少年发明创造比赛和科学讨论会”（后改为“全国青少年科技创新大赛”）以来，积累了大量科技创新素材。他在《动手做报》负责创造发明版面，在为全国许多省市科技辅导员、中小学生做的数百场“开发创新思维，提高创造能力”演讲中，介绍国内外青少年发明实例、青少年创造发明的理论知识和辅导方法。

收藏智慧

科普一生心愿遂①，儿童少年享恩惠。
收藏智慧添资源②，传播科学新思维。
创造发明可圆梦③，嫩芽幼苗齐发威。
中华大地小英豪，捷报频传满春晖。

① 以著书立说、科普演讲向广大青少年朋友传播科学技术知识是于宙坚定的心愿。他编著《拍脑袋小发明》《发明与制作》《我们的发明》《小发明入门》《中国少儿科普50年精品文库——小发明、小论文、小制作》等书籍十多种。

② 于宙经常从全国各地寻觅带有科技含量的小玩具、小工具、小器件。家中收藏各民族的“坛坛罐罐”、“智慧宝盒”真可谓是“堆积如山”。他将这些小玩意逐个拆卸，进行解剖，探究其中巧妙的结构和技巧，理解它的科学原理，领略其中蕴藏的智慧和才能。他携带这些小玩意走上科普讲坛，向广大青少年传播创造发明智慧，启迪大家的思维。

③ 于宙在科普演讲中提醒青少年朋友：发明的课题要从自己的日常生活中去寻找，到劳动、学习、娱乐中去寻找。平时要留心观察周围的事物，许多问题或矛盾会“跳”出来，等你去解决。有说是“问题向你笑，就看你找不找”。他启发有志于创造发明的少年朋友，学习知识不只是为了考试，而是为了创造。每年一届的“全国青少年科技创新大赛”获奖者众多就是一个很好例证。

王　海

王海（1937－　）上海奉贤人。科普作家、农民诗人。70多岁的他还一手执锄耙，一手握诗笔，仍然在文学的田园里奔波、创作。他的诗具有强烈的时代感，有滚烫的水乡情，有浓郁的泥土味，有醉人的稻谷香。他谱写的科学诗走向科学的前沿阵地。他满腔热情地为科学和科普唱起了赞歌：让科学编织美好，让科学拓宽情怀。

“草帽”歌王[①]

一

热爱祖国黄土地，心贴江南绿水乡。
头戴草帽闯天下，诗歌散发泥土香。

二

古稀老农王金千[②]，田园诗人传四方。
创建诗歌工作室[③]，诗歌之乡人才旺。

① 王海是一位朴实忠厚的普通农民，具有典型的中国农民形象，他总习惯于戴着草帽出席全国各种会议，戴着草帽走进中国端午诗人节，戴着草帽以诗会友，戴着草帽参加科普学术研讨会，被誉为中国的“草帽诗人”。先后主编和出版个人诗集《乡音集》等 20 多种，发表诗歌 10320 首，2017 年 7 月荣获大世界基尼斯之最。

② 王海是笔名，真名为王金千。他的诗歌字里行间散发着泥土气息，飘溢着田野芬芳。如他的第一本诗集——《乡音集》的序曲所言：“手撒金谷口唱歌，连种带歌满田播。秋来喜收千斤稻，还有新歌上万箩”。他的诗歌通俗易懂，老百姓很喜欢，有的早在社会上流传。“一路耕耘一路歌”，他用情深意切的新诗，生动地映照出上海农村曲折的历史进程和农民境遇，既有对生活的歌颂和赞美，也有对不良现象的讽刺和批评。

③ 2001 年王海创建了“王海诗歌艺术普及中心”，旨在培养诗歌新人，繁荣诗歌艺术，打造“诗歌之乡”。他从 2002 年 11 月起，先后创办、主编了《诗芽》《民工诗报》《绿月歌谣》小报，主编出版了《微风轻诉》《民工诗歌选》等。他每年坚持举办诗歌写作辅导班，至 2010 年已举办 49 期，培训 1470 人，大多数学员都在报刊上发表了诗歌作品。从 2011 年起走进学校至 2017 年培训了 840 名学生。

专家学者

卢于道

卢于道（1906–1985）浙江鄞县人。教授。1926 年毕业于东南大学生物系，1930 年毕业于美国芝加哥大学解剖专业。曾任复旦大学生物系主任，上海科普协会会长、上海市科学技术协会副主席、上海市科普作家协会理事长。被中国科普作家协会表彰的老科学家。他从 20 世纪 30 年代就开始致力于科普宣传，倡导“科学救国”，对传播科学知识，增进民众的科学意识，推动社会进步具有积极的作用。

倡导“科学救国”

一

东南大学理科生，听讲洋文写篇章。
系列作品十八篇，《时事新报》[1]闪亮光。

二

“人脑切片”显神威[2]，批驳谬论去污秽。
大脑强健中国人，毫不逊色欧与美。

三

无科学即无国防，科学救国理应当。
组织“科学者协会”[3]，创办“民主科学社”[4]。

① 1923年前后，卢于道在上海《时事新报》副刊《学灯》发表了《康德与近代哲学潮流》，这是他根据德国哲学家、生物学家汉斯·杜里舒在南京东南大学演讲的笔记，经过精心整理而撰写的，共18篇（每篇占报纸的大半个版面），每篇都阐明一个观点，谈清一个问题，形成系列作品。

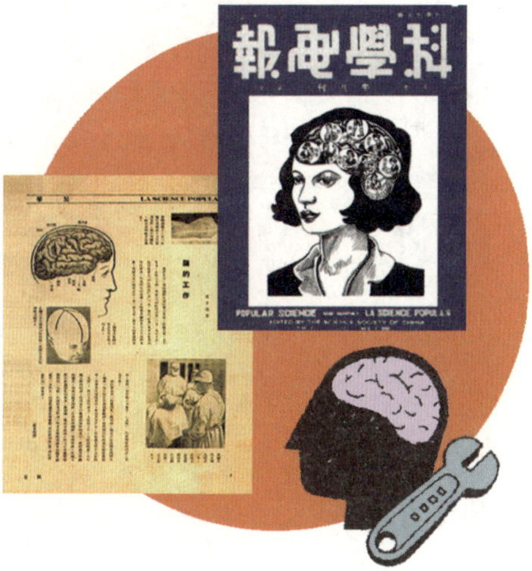

② 卢于道发表于中央研究院心理研究所1934—1935年论文丛刊上的《中国人的大脑皮层》（英文）一文，有理有据地针对当时国外解剖学界认为中国人的脑更接近猿猴的谬论进行了有力的批驳。

③ 1944年，根据抗日战争的形势，为了进一步扩大爱国统一战线，遵照周恩来同志的批示，卢于道和潘菽、涂长望教授等组织了“中国科学工作者协会”，身为中国科学社总干事的卢老当选为常务理事。

④ 1944年，卢于道在重庆还参加许德珩、褚辅成等进步人士领导的“民主科学座谈会”（后改为“民主科学社”），1945年9月3日，为纪念抗日战争的胜利，定名为“九三学社”，他是发起人之一，当选为监事。

陈念贻

陈念贻（1931–2006）广东番禺人。计算机化学家。毕业于清华大学化学系。曾任中国科学院上海冶金研究所研究员、上海大学化学系计算机研究室主任、上海市科协副主席、上海市科普作家协会理事长等职。他荣获首批中国“科普编创学科带头人”称号，被中国科普作家协会表彰为“有突出贡献的科普作家”，被上海市科普作家协会授予“优秀科普作家”称号，荣获第六届“上海市大众科学奖”。以写“自传”的方式宣传自己的科研成果，善于把深奥的科学原理用通俗易懂的文字和语言表达出来，被誉为“科研与科普同步”的带头人。

手提电脑走天下①

一

手提电脑走天下，科研成果全转化。
科研科普同迈步，象牙塔下把桥架。

二

科研间隙诗兴浓②，五岁作诗见底功。
创造俄语速成法③，中科院中一神童。

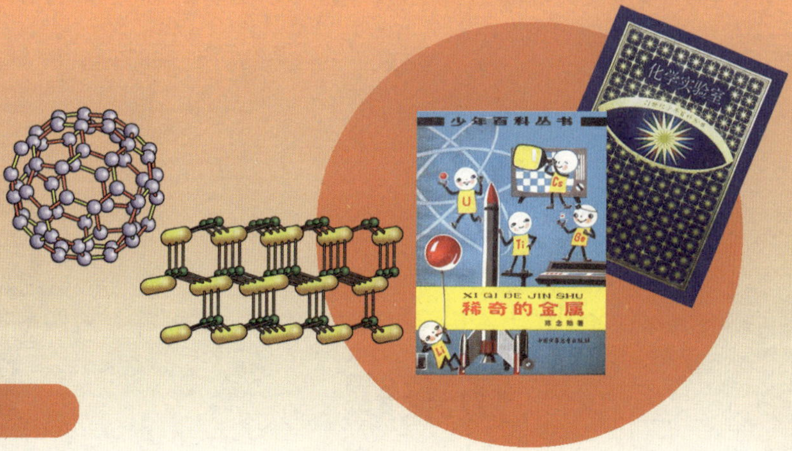

① 陈念贻从20世纪80年代就“手提电脑走天下”，从上海到北京、从广州到新加坡、从硅谷到波士顿……深入一百多个大中企业传授科学知识和自己的科研成果，先后在上海宝钢、上海石化、大庆油田、中国一汽等数十家企业近百个项目中，运用他的科研成果“计算机化学模式识别调优法”，年增收节支逾亿元，该技术在美国、新加坡等国的一些大型企业应用也取得效果。

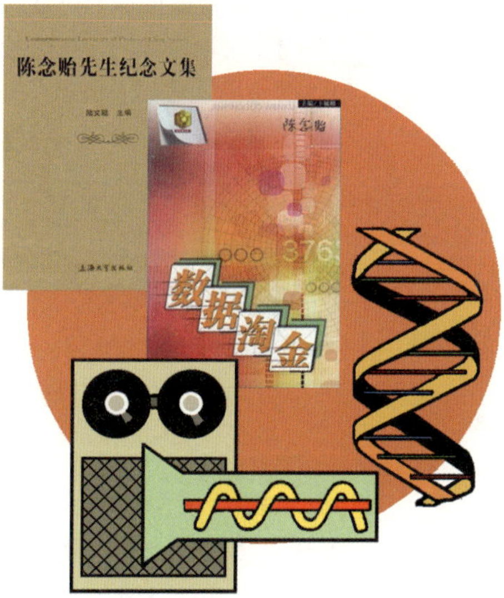

② 陈念贻幼小聪慧，5岁时就能写诗，如“独坐看白云，清风吹树林。日暮照青草，墙外杜鹃鸣。”青年时，当他学术交流、技术推广工作越做越有劲时，欣然写下了“安逸舒适非吾愿，尽情工作度今生。科学大路多宽广，策马高歌万里征。”他留下的许多诗词都是在科研工作间隙或出差途中创作的。

③ 20世纪50年代初，上面号召学习俄语，他原来学的是英语，居然在一个星期中学会了俄语，能够读俄文专业书刊，并且总结了俄语速成法。《中国青年报》用一个整版介绍了他的“俄语速成法”，一时成为中科院的“第一奇人”，成了中科院的“神童”。后来，他竟然学会了6种外文。

杨秉辉

杨秉辉（1938—　）江苏镇江人。教授。毕业于上海第一医学院。曾任复旦大学附属中山医院院长、中国科普作家协会常务理事、上海市科学技术协会副主席，上海市科普作家协会理事长。他编著出版科普书籍 40 多种，发表科普文章 1000 多篇，科普演讲 600 多场。两度荣获科技部、中宣部、中国科协“全国先进科普工作者”称号，荣获首批中国“科普编创学科带头人”称号，被中国科普作家协会表彰为“有突出贡献的科普作家”，被上海市科普作家协会授予“优秀科普作家”称号，荣获第二届“上海市大众科学奖”和“上海科普教育奖·科普杰出人物奖”。

宣传“一滴血”[1]

一

预测肝癌一滴血，平民检测受阻拦。

医学科技再发达，公众不解也枉然[2]。

二

《名医坐堂》电波传[3]，医学知识解疑难。

主持嘉宾杨医生，千家万户满口赞。

三

离开岗位杨医生[4]，客观认识医与患。

医学需要人情味，医患关系必过关。

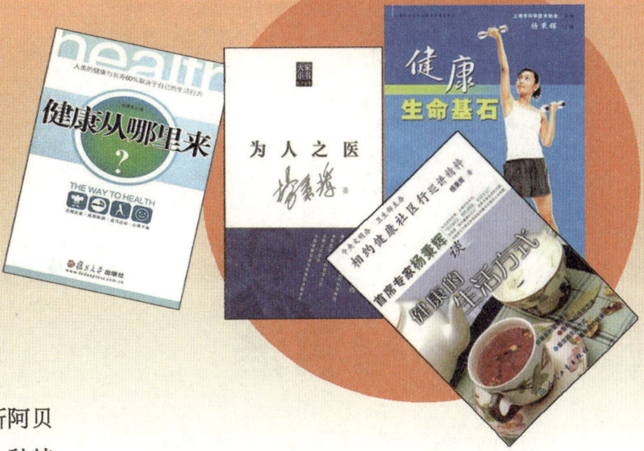

① 20 世纪 70 年代初，苏联莫斯科生化研究所阿贝聿夫博士发现：当妇女怀孕时，人体会产生一种特殊的蛋白质——甲胎蛋白。然而，当人体肝细胞发生癌变时，也会产生这种蛋白。杨秉辉与同事们立即利用人的“一滴血”检查蛋白的方法来诊断肝癌，果然有效。

② 从“一滴血”的检查去发现早期还没有症状的肝癌病人尚不被认可时，杨秉辉感受到，医学知识必须让公众接受，从那时起，他就开始致力于将深奥的医学专业知识和名词变成平民百姓听得懂、易接受的语言和文字向群众宣传。

③ 从 1984 年起，杨秉辉利用业余时间兼任上海人民广播电台《名医坐堂》栏目的主持嘉宾，持续近 20 年。他的声音通过电波传遍千家万户。

④ 杨秉辉对中国医患关系的变化了然于胸，更难得的是，在离开管理岗位后，他对医患关系紧张的原因作了更加客观的辨析。他认为，如今医学面临的是大量的慢性病，这些疾病严重地危害民众的健康，而且大多难于根治。医学能做的是预防、是对病人的照顾，包括心理的、社会因素的照顾。对医生来说，这就需要有丰厚的人文精神和高尚的医德。

褚君浩

褚君浩（1945－　）江苏宜兴人。中国科学院院士。毕业于上海师范学院物理系。主要从事半导体和红外物理研究。现任中国科学院上海技术物理研究所研究员、华东师范大学信息学院院长、上海市科学技术协会副主席、上海市科普作家协会名誉理事长。他荣获“全国创新争先奖章”，被评为“十佳全国优秀科技工作者”，2015年当选为“科学中国人年度人物”，荣获“上海科普教育创新奖·科普杰出人物奖”。

诠释“智慧地球”

“科学春天”航程起①，科研战线抓契机。
“智慧地球”②物联网，“火眼金睛”传感器。
中国圆梦添砖瓦，《新兴产业》③创奇迹。
学术研究攀高峰，心系科普志不移。

① 1978 年“科学春天”来临，褚君浩通过考试成为上海技术物理所第一届研究生，后来担任了该所的物理室副主任。国家能源问题日益紧张，作为可再生的能源，太阳能应用的发展潜力不言而喻。利用半导体光伏效应原理进行光电转换的太阳能光伏技术有着非常良好的发展前景，褚君浩倾注心血于太阳能开发，取得显著实效。

② 2010 年 9 月，褚君浩提到了一个新观念“智慧地球”，他诠解：智慧地球也称智能地球，就是把感应器嵌入和装备到电网、铁路、桥梁、隧道、公路、建筑等各种物体中，并且被普遍连接，形成所谓的“物联网”，然后将物联网与现有的互联网整合起来，实现人类社会与物理系统的整合。

③ 2014 年 8 月褚君浩主编出版的《战略性新兴产业科普读本》丛书（8 分卷），体现了科普创作为国家经济建设和科技发展服务的宗旨，为中华复兴圆梦添砖加瓦。2016 年与周戟合作出版的著作《迎接智能时代：智慧融物大浪潮》秉承了他“关于工业革命的思考与对策”的学术思想，对未来的产业发展、社会思潮动向等有预见性和指导价值。“与中国院士对话”丛书（9 卷本）之一的《太阳能的光电之旅》在 2017 年上海书展举行首发式。

钱旭红

钱旭红（1962－　）江苏宝应人。有机化工专家。中国工程院院士。毕业于华东化工学院（现为华东理工大学）。曾任华东理工大学校长、亚洲及太平洋化工联盟主席、中国化工学会副理事长，曾入选国家“973”项目首席科学家，担任国家自然科学基金化学部咨询委员、德国洪堡基金会学术大使等。现为华东师范大学校长、上海市科普作家协会理事长。主要从事绿色农药及功能染料研究及应用开发。获得国家教育部科技进步一等奖3项，获得上海市自然科学一等奖等奖项。被评为上海市科技精英。

院士市民面对面

远涉重洋求真经，报效祖国满怀情①。
绿色农药创新路，美丽中国建奇景②。
院士市民面对面③，科学普及心连心。
“三度”探索新教育④，化工体系全转运。

① 钱旭红原来从事基本有机化工专业，为了科技强国，他远涉重洋再求真知，1989 至 1992 年赴美国拉玛尔大学从事昆虫生长调节剂的研究工作，接着又赴德国维尔兹堡大学，从事 DNA 嵌入剂、切断剂的研究。

② 钱旭红认为，要给农药“排毒”，不能只把它当成一个科技问题，绿色农药的创新发展是建设美丽中国和生态文明的关键问题之一，需要全社会共同承担起责任。他还认为，禁用农药只是一种幻想，没有农药，饥荒就会随之而来。

③ 向市民普及科学知识，传播科学思想，拓展知识视野，是钱旭红的科普宣传方式之一。2013 年 8 月，他受邀参加暑期院士系列科普讲座，以“改变思维”为主题，为广大市民讲述了思维变革和思维多样性的重要性。

④ 2015 年 10 月，钱旭红在第八届中美化学工程学术研讨会上提出：“三度”探索新化工教育。从多维度、多尺度、多角度出发，进一步探索全面工程教育。他认为：新化工教育应覆盖整个教育体系，培养专门知识和专业技能，并协同与其他学科的深度融合与合作，形成“化工为人人、人人知化工”的社会氛围。

李　珩

李珩（1898–1989）四川成都人。天文学家。毕业于华西协合大学。曾任中国科学院紫金山天文台研究员，上海天文台研究员、台长、名誉台长。1936年参加国际天文学会，1957年以来历任中国天文学会副理事长，上海市天文学会理事长，上海市科普作家协会顾问。他为我国现代天文事业的创建和发展作出了贡献，在国内外天文界享有很高的声誉，是被中国科普作家协会表彰的老科学家。

一生科普传华夏

一生科普传华夏，著作丰富胜彩霞①。
百万巨著倾心译②，三部传记全力抓③。
《人造卫星》刚问世，《天文简说》又上架④。
教学科研齐并举，天文科普绽奇葩⑤。

① 李珩一生重视科普，科普讲演生动有趣，著作丰富多彩。从 20 世纪 20 年代开始，他在《宇宙》《科学》等刊物发表了大量科普文章，如《业余天文学之发展》《科学的人生观》等，出版科普书籍 50 多种，并主编《宇宙》杂志多年。

② 李珩翻译的世界天文科普名著《大众天文学》是我国近数 10 年来内容最全、篇幅最大、插图最多的经典天文科普图书，这部百万字的巨著先后被十多个国家翻译出版。

③ 李珩编著的三部传记是《哥白尼》(商务印书馆 1963 年出版)《伽利略》(上海科学技术出版社 1983 年出版)《牛顿》(上海科学技术出版社 1984 年出版)。

④《人造卫星》(上海科学技术出版社 1957 年出版)，《天文简说》(上海科学技术出版社 1963 年出版)。

⑤ 李珩在长达 60 多年的教学科研生涯中，从未间断天文科普工作，中国科普作家协会于 1985 年为他颁发了奖状。

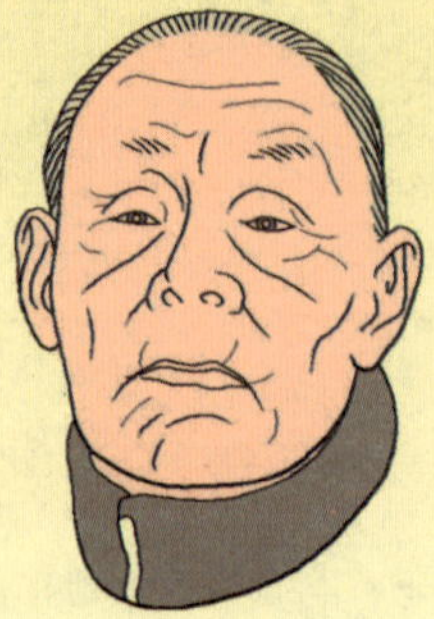

束家鑫

束家鑫（1920–2012）安徽无为人。大气物理学家。毕业于浙江大学地理系。历任上海气象台台长、上海台风研究所所长、上海市气象局总工程师。曾任中国气象学会常务理事、上海市科学技术协会常委、上海市气象学会理事长、上海市科普作家协会副理事长、名誉理事长等职。是被中国科普作家协会表彰的科学家和科普作家，荣获首批中国“科普编创学科带头人”称号，被上海科普作家协会授予“荣誉会员”和“优秀科普作家”称号。

著书立说满情怀[1]

投身科普五十载，著书立说满情怀。
云天变幻细注释，地球冷暖忙开解[2]。
《中国云天》书超群，《云天奇观》影出彩[3]。
实验气象学诞生[4]，科研科普双品牌。

① 束家鑫从事科普创作 50 多年，编著的主要科普书籍有《中国云天》《灾害性天气》《农村气象化》《少年气象学家》等 10 多种；科普文章有《谈实验气象学的诞生》《大气科学的进展》《臭氧的追踪》等 300 多篇；应邀赴各地作科普演讲达 300 多场。

② 束家鑫撰写的科普作品总离不开地球的冷暖和中国云天的变幻。他的处女作《中国天气综合评述》发表在 1947 年的《科学》杂志上。他认为，把自己所掌握的气象知识结合中国的气候变化信息，及时通过科普作品传输给公众，是一个气象工作者义不容辞的责任。出版的科普书籍《中国云天》分别获上海优秀图书一等奖、上海科技进步奖三等奖。

③ 束家鑫 20 世纪 50 年代起致力于气象科教电影《雨》的创作，以后历任《台风》《云天奇观》《寒潮》《气象卫星》《梅雨》等影片的科学顾问，其中他编写的彩色影片《台风》荣获在墨西哥城举行的第 37 届国际电影节荣誉奖；《云天奇观》《寒潮》获我国优秀气象影片奖。

④ 这是指束家鑫发表在 1982 年第 12 期《自然》杂志上的一篇科普代表作品：《谈实验气象学的诞生》。这也是他科研、科普双丰收的见证。

卞毓麟

卞毓麟（1943－　）江苏泰州人。编审。毕业于南京大学天文系。现为中国科学院国家天文台客座研究员，上海科技教育出版社顾问。曾任中国科普作家协会副理事长、中国天文学会常务理事、上海市科普作家协会副理事长、第六版《十万个为什么》特约编审等职。荣获“全国先进科普工作者”、首批中国“科普编创学科带头人”称号以及被中国科普作家协会表彰为“有突出贡献的科普作家”，荣获第四届“上海市大众科学奖”、首届上海科普教育创新奖“个人科普贡献奖”一等奖等多种荣誉。

阿西莫夫的知音

一

星空灿烂幼目张，宇宙奥秘心神往①。
天文学家美梦追，笔名“梦天”天下扬。
南京大学高才生，中国科普领头羊②。
编创翻译于一身，《追星》问世闪光芒。

二

少年时代爱伊林，青年又迷艾萨克③。
以文会友成知音，登门拜访作上客。
翻译科普引精品，梦天笔耕颂赞歌。
国际视野多开阔，洋为中用战功赫④。

① 卞毓麟幼时就喜爱仰望繁星争辉的天幕，梦想成为天文学家。

② 卞毓麟 1960 年进入南京大学天文系，成为一名优秀学生。1976 年以来，著译图书 30 种，主编和参编科普图书百余种，发表科普文章 700 多篇，其中多篇文章先后入选中小学《语文》课本、《语文阅读文选》。

③ 艾萨克，指美国科普巨匠、科幻大师艾萨克·阿西莫夫。1981 年卞毓麟发表了中国第一篇系统介绍阿西莫夫科幻创作历程的长文《阿西莫夫和他的科幻小说》。此后，他与阿西莫夫有过不少的书信往来。1988 年 8 月上旬，卞毓麟赴美国巴尔的摩市参加国际天文学联合会第 20 次大会的间隙，于 8 月 13 日下午登门拜访了阿西莫夫。

④ 卞毓麟研究国外优秀作品的重要意义在于借鉴，就是洋为中用。卞毓麟曾经在科普学术年会上说，我们科普创作人员的梦想是“中华民族伟大复兴的中国梦”的一部分，要实现这个梦想，就要有更多优秀科普作品，期待有国际性的突破，臻至“不分雅俗，只有共赏”的境界。大家希望出现中国的卡尔·萨根、艾萨克·阿西莫夫，这首先要做“科普创作的追梦人。”

高孝冲

高孝冲（1923–1997）上海人。毕业于上海大同大学。曾任中国科学工作者协会上海分会总干事，上海市科学技术协会副主席、顾问，上海市科普作家协会副理事长、名誉理事长等职。1949年以来长期从事科普的管理和组织工作，是中国科普作家协会表彰的科普作家，上海市科普作家协会授予他“优秀科普作家”和“荣誉会员”称号。他是上海市科学技术协会驻会领导层中理解科普、投身科普和科普创作的一位强者。

无私真情平凡路

一

无私真情平凡路，无比艰辛为科普。
坎坷生涯四十年，为国为民未虚度。

二

黄浦江上好热闹，科普船头彩旗飘[1]。
昔日沪上死水潭，当今滚滚掀波涛。

三

少儿活动场所建，“童话世界”康健园[2]。
筹建上海科技馆[3]，故人遗愿终实现。

① 为了向人民宣传自然科学知识，1952 年夏天，上海科普协会组织了一次大规模的全市性的爱国卫生宣传运动，时任秘书长的高孝冲在有关部门支持下，组织各条战线近 2300 余人参加的科普宣传队、演出队深入工厂、学校、部队、乡镇和里弄进行宣传。当时黄浦江、苏州河上的四条“科普船”十分引人注目。

② 1981 年上海人代会期间，高孝冲会同卢于道、蔡祖泉、束家鑫等科技界代表，提出发展上海少年儿童科普场所的议案。后来在政府和有关单位、团体的支持下，1982 年 5 月，在中山公园设立了被人们誉为“科学童话世界”的“科普游乐馆”。1985 年 5 月，科普游乐馆移址康健园，发展为全国首家科普公园。

③ 20 世纪 70 年代末期，高孝冲随中国科协代表团出访西欧，有机会参观了许多著名的科技博物馆，引起他对建立上海科技馆的思索。在以后的时间里，他多次与同行、专家们磋商，首先提出建立上海科技馆的建议。1984 年上海市科协第三届第一次常委会会议正式讨论通过筹建上海科技馆，由谢希德主席兼任筹委会主任，高孝冲为副主任，具体负责筹建方面的领导工作。

谈祥柏

谈祥柏（1930－　）上海人。教授。毕业于上海大同大学。曾任教于第二军医大学。曾任中国科普作家协会理事、上海市科普作家协会理事兼翻译委员会主任。被中国科普作家协会表彰为“有突出贡献的科普作家”，荣获首批中国“科普编创学科带头人”称号，被评为“全国先进科普工作者”，被上海市科普作家协会授予“优秀科普作家”称号，荣获首届“上海市大众科学奖”。发表科普文章1000多篇，翻译、编著的书籍50多种。代表作有《数学古德纳》《奇妙的幻方》《宇宙大膨胀》《SOS——编码纵横谈》《数学不了情》等。

博古通今　中西合璧

一

志趣相投两信友，越海穿洋成神交[1]。
译著精品受追捧，相隔千里情未了[2]。

二

专业才能运筹学，五国文字他驭驾。
吟诗作词论古今，博学多才一杂家[3]。

三

如鱼得水显身手，创作成果拔头筹。
邀君休假北戴河，总理招待暖心头[4]。

① 1987 年谈祥柏教授通过信函与 20 世纪举世闻名的数学科普大师马丁·加德纳先生成为一拍即合、笔谈甚密的信友和函电来往相当频繁的神交。在数理、文史、魔术、智力游戏和哲学、密码、藏头诗、折纸以及民间手工艺等共同感兴趣的领域，几乎无所不谈。

② 2010 年 5 月加德纳先生以 95 岁高龄告别人世，谈祥柏还没有机会与他进行面对面的交流，导致天人两隔，成为终身遗憾。

③ 谈祥柏是我国运筹学先行者之一，著有《线性规划》等著作，还对预测学、灾害学、创造学等等很内行。专业研究之外，他对世界发展进程中的新学科、新思潮总是相当敏感，对《易经》64 卦很有研究，对中外文学和历史非常熟悉；对幻方、魔方、智力玩具堪称权威，还对天文学、古代建筑、摄影以及中草药等等很有兴趣，颇有研究。总之，杂七杂八，他几乎样样在行。

④ 因在数学教育和科普方面贡献卓著，20 世纪 80 年代，谈祥柏受到时任中共中央总书记胡耀邦邀请去北戴河休假，时任总理赵紫阳还请他吃过饭。

程不时

程不时（1930－　）湖南醴陵人。研究员。毕业于清华大学航空工程系。曾任上海飞机研究所副总设计师、上海市科普作家协会副理事长。出版科普图书 10 多种，发表科普文章 100 余篇。荣获首批中国“科普编创学科带头人”称号，被中国科普作家协会表彰为“有突出贡献的科普作家”，被上海市科普作家协会授予“优秀科普作家”和“荣誉会员”称号。是新中国第一代飞机设计师，以副总设计师身份主持 20 世纪我国最大的飞机“运 10”的设计试制工作。

思绪飞翔

一

《天高歌长》叙生涯，异国他乡显身价[1]。
大型客机已腾飞[2]，当初研制基础打。

二

科普写作领悟添，开拓思维创新篇。
创作题材多广阔，掌握全貌抓要点[3]。

①《天高歌长——我的飞机设计师生涯》是程不时自传式的著作。书中介绍他 2001 年 7 月应邀赴美国参加世界上规模最大的“飞行大会”，72 岁的他乘坐自己 27 岁时设计的“初教 6”作为编队领队的飞机，带领 11 架浩浩荡荡飞过大会会场。

② 2007 年，时任副总理曾培炎到上海视察“运 10”客机并接见部分“运 10”的老科技人员时强调，有了“运 10”飞机的研制，我们才有今天干大客机的信心，才有今天干大客机的基础；有了“运 10”飞机的研制，为今天干大客机培育了一支研制队伍。如今年逾八旬的程不时继续担任着我国承担大客机研制任务的“中国商用飞机公司”的咨询专家。

③ 程不时在 40 多年的航空技术生涯中对科普创作的体会是：纵观全貌，抓住要点，纵横旁涉，视野开阔；掌握前后发展的脉络，使文章带上一点综合性。他在自己领域里创作发表的作品，有散文杂记，如游记、随笔、随感、读书评论等，想到就写，题材不拘，内容各异，文思很跳跃。科学小品性质的文章有《“灵感”需要一片沃土》《从洗碗盆说到登月》《联想与发明家素质》等等。

邓伟志

邓伟志（1938-　）安徽萧县人。教授。毕业于上海社会科学院工贸系。社会学家、科普作家、评论家。曾任中国大百科全书出版社上海分社编审、上海社会科学院研究员、上海市科学技术协会常委、上海市科普作家协会理事等职。现为上海大学教授。科普著作有《天体的来龙去脉》《人类的继往开来》等。被上海市科普作家协会授予“优秀科普作家”称号。是科普的热心人，著名的论断有：“科普是科学的姊妹”“科普是科学的丝绸之路”。

变“银牌”为“金牌”

一

“科研成果”走出来，变“银牌”为“金牌”①。
科普科研是姊妹，“丝绸之路”把头带②。

二

人文科学需振兴③，美味佳作科普情。
繁荣创作齐腾飞，扎根原著必创新④。

① 邓伟志认为：科学决不应该是纸上谈兵，也不应该是保险柜里的密件。从社会影响的角度来讲，科研成果将永远是“银牌”，只有在转化为社会生产力，实现其自身价值以后，才是“金牌”。变“银牌”为“金牌”的首要一步是科普。

② 邓伟志认为：科普与科学同姓“科”，它们是姊妹。科普把科学从殿堂中解放出来，把科学技术知识和技能教给广大公众。这是一条“丝绸之路”。

③ 邓伟志在1996年《民主》上撰文阐述“人文科学振兴的必然性”。他认为，人文科学相融的写作方法能增添科普作品的风趣和美味；人文科学的振兴是世界观完整的必然，人文科学的振兴也是精神文明建设的必然。

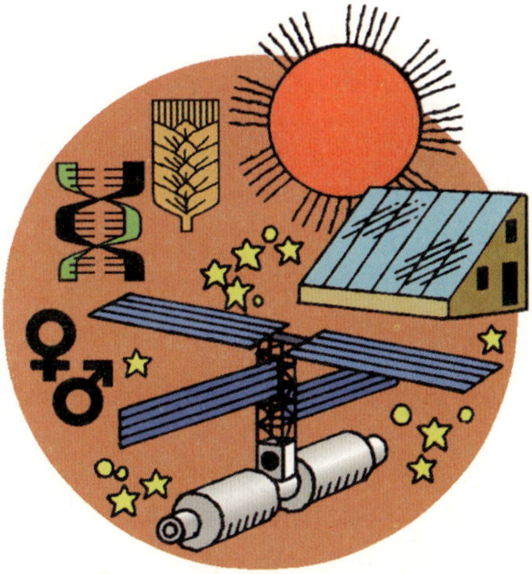

④ 邓伟志曾在2000年第1期《探索与争鸣》发表的“不创新，毋宁死”杂文中指出：人文科学之所以是科学也在于创新。创新是科普的灵魂。

徐济民

徐济民（1925-2015）浙江慈溪人。心血管病专家。毕业于上海同德医学院。曾任上海交通大学附属第九人民医院内科心血管病主任、硕士研究生导师，上海市科普作家协会理事兼医卫专业委员会主任。被中国科普作家协会表彰为“有突出贡献的科普作家”，被上海市科普作家协会授予“荣誉会员”和“优秀科普作家”称号。

登门感恩

闻书前来求神医①，
手到病除何足奇。
病愈前来忙感恩，
徐家门里添亲戚②。

① 在徐济民教授医治的病人中，东西南北的许多患者是从书报杂志看了他的科普作品而赶来上海的。如2005年，浙江台州一位50岁的李女士因患高血压、冠心病，心绞痛已3年多，心电图显示心肌缺血，当地多家医院医治无效。当她看了徐教授主编的《冠心病》一书后，立即赶来上海第九人民医院，寻求徐教授医治。经数月治疗后血压得到控制，心绞痛消失，心电图显示基本正常，病人十分感激，和徐教授有很长一段时间的书信往来。

② 亲戚是指2004年华东理工大学雷国雄教授因患冠心病，胸闷、气短及频发的心绞痛使他非常痛苦，经徐济民治愈后，就仿佛成了徐家的亲戚，时常携带礼物上门看望。徐家客厅墙壁上挂着显眼的大匾，匾中题写名为《悟禅石曲》的诗："天机难以测，禅机何处得。济世良医出，民心永铭刻。"下署："晚辈雷国雄为感谢徐大夫高尚医德精湛医术而题"。像这样携礼登门的又何止雷教授？

颜其德

颜其德（1940－　）重庆人。毕业于成都地质学院。研究员。曾任中国极地研究所（现为中国极地研究中心）党委书记兼副所长、极地科普馆首任馆长、上海市科学技术协会常委、上海市地理学会副理事长等职。被中国科普作家协会表彰为“有突出贡献的科普作家”，荣获上海市第三届大众科学奖，被上海市科普作家协会授予“优秀科普作家”称号。

南、北极考察写真

一

戏水玩童有梦想①，浪击天涯去闯荡。
南极事业开拓者，北极考察志刚强②。

二

著书立说南北极，掀起面纱再开创③。
筹建中国极地所，科研科普担肩上④。

① 颜其德自小玩性很强，“野性”十足。喜水、好山、爱海，探险成了他儿时的爱好和人生旅程的追求。1965年毕业分配到国家海洋局，他获悉后激动万分，心中在呼喊：“浪击天涯、拥抱大海、走进极地！我的儿时梦想扬帆起航啦！”

② 1981、1984年，颜其德两赴南极，一次受国家选派参加澳大利亚国家南极考察队，一次是作为中国首次南极科学考察队负责人。1999年作为中国首次北极科学考察队副领队率队远征北极。

③ 颜其德编著的科普书籍《南极第一冬》《走进北极》等10多种；发表科普文章100多篇；参加编导、制作影视录像多部，多部作品获奖。

④ 1985年底，颜其德圆满完成首次南极越冬重任回国后，国家海洋局任命他为中国极地研究所筹建处副主任，他携全家从杭州来上海负责组建中国极地研究所。

雷宗友

雷宗友（1935–2015）江西清江人。毕业于山东大学物理海洋专业。曾任上海海洋石油局高级工程师。探巡过东海、渤海、黄海、南海等我国海域。他常说："专注于海洋科普创作，与大海的情缘结了一辈子仍嫌不够。"出版科普图书40余部，发表科普文章200多篇，多部著作获奖。被中国科普作家协会表彰为"有突出贡献的科普作家"，被上海市科普作家协会授予"优秀科普作家"称号，《新民晚报》载文称其为"民间科普达人"。

缅怀海洋科普精英

笔耕星云彩霞舞，含笑九天魂已归①。
碧海蓝天播种勤，一年四季硕果累。
一身正气遨长空，专心真挚留故里。
人文科普金灿灿，怀念故人心欲碎②。

① 雷宗友是我国海洋科普精英，2015 年 6 月 5 日因病在沪去世，享年 80 岁。这首诗是根据《海洋科普精英的光辉永照人间——怀念雷宗友的科普创作人生》一文中赞歌（碧海蓝天勤耕耘，百花园中科普情。一身正气遨长空，辉煌永驻人间存。）改编。

② 雷宗友创作理念是新颖的，展现的是人文科普、情景科普、趣味科普、时尚科普。让科学知识与人文相结合，科学现象与社会文化现象互融通；让科学知识与情景相交融，科学论述寓于故事情景之中；让科学知识与趣事相结合，改变严肃刻板的讲学面孔；让科学知识拌入时尚元素，与当代社会生活亲密接触。这种全新的科普创作理念，用故事的情节和情景的描述，与读者谈天说地，寓知识于故事，寓科技于快乐，寓见闻于古今，寓眼界于流行，为读者呈现出一个新颖奇妙而丰富多彩的世界。雷宗友虽然离开了我们，但是他的高尚品德，他的真诚执著，他的创作追求，他的音容笑貌，我们将会不时地想起。

胡锦华

胡锦华（1942-　）安徽绩溪人。毕业于上海医学专科学校。曾任上海市健康教育所所长、中国健康教育协会副会长、中国科普作家协会理事、上海市科普作家协会副理事长、《大众卫生报》总编辑、中国卫生科普报刊研究会会长等职。从事健康教育工作40余年，形成了自己一整套系统的、独具特色的健康教育理论。著有《胡锦华健康教育文集》等数十部。荣获首批中国“科普编创学科带头人”称号。

独特的健康教育

一

唯有和谐有健康①，至理名言切莫忘。
卫生谚语有科学②，犹如珍珠闪光芒。

二

小病求生人常情，大病求死非荒唐③。
感悟求生与求死，安乐之死也吉祥。

① 2008年胡锦华在《家庭用药》第四期上发表了《唯有和谐，才有健康》一文，借用温家宝在与季羡林教授交谈时说的："我们讲和谐，不仅要人与人和谐，人与自然和谐，还要人内心和谐"。

② 胡锦华1979年在《健康报》上发表《小谈卫生谚语》，其中有"锅碗门窗擦得亮，不用佛爷甭烧香"、"大路不走草成窝，坐立不正背成驼"等，是我国各族人民长期与疾病斗争的经验结晶。该文用简洁、确切、生动的语言，道出了民间谚语包含的一些闪闪发光、光彩照人的科学智慧。

③ 胡锦华2007年在《大众医学》第五期上的《感悟"小病求生，大病求死"》一文，对人们认识"安乐死"颇有启示。"小病求生，大病求死"是弘一法师曾经说过的一句话，其中"小病"是指可治之病，"大病"是指绝症。

谈家桢

谈家桢（1909-2008）浙江宁波人。遗传学家。中国科学院院士。1930年毕业于苏州东吴大学，1932年获北京燕京大学研究院硕士学位，1936年获美国加州理工学院博士学位。中国现代遗传学奠基人之一。曾任浙江大学理学院院长、复旦大学遗传所所长、复旦大学副校长。上海市科普作家协会荣誉会员。

谈家桢编著出版了许多科普读物，如《什么是遗传》《生命的密码》等。其中《奇妙的克隆》一文还被收入初中语文教材。他是被中国科普作家协会表彰的科学家和科普作家。

科研科普齐飞腾

免试成为大学生，越洋拜师摩尔根[①]。
果蝇研究立奇功[②]，中国遗传第一人。
著书立说美誉传，科研科普齐飞腾。
首次创建新院所[③]，遗传人才永传承。

① 谈家桢高中毕业，因成绩优秀被免试保送苏州东吴大学。1930 年毕业后到燕京大学做李汝祺教授研究生，从事瓢虫色斑遗传规律的研究。美国遗传学大师摩尔根审阅他的硕士论文后，甚为欣赏这位中国青年学者的才华，同意他来攻读博士学位。1934 年，他成为摩尔根和杜布赞斯基的研究生。

② 谈家桢的研究工作特别在果蝇种群间的演变和异色瓢虫色斑遗传变异研究领域有开创性的成就，为奠定现代综合进化理论提供了重要论据，丰富和发展了摩尔根遗传学说。

③ 新中国成立后，谈家桢在复旦大学建立了中国第一个遗传学专业，创建了第一个遗传学研究所，组建了第一个生命科学学院。他为我国遗传学研究培养了大批优秀人才，不愧是一位桃李满天下的教育家。他虚怀若谷，热情鼓励学生要超过自己。

钱伟长

钱伟长（1912–2010）江苏无锡人。应用数学家、力学家和教育家，杰出的社会活动家。中国科学院院士。毕业于清华大学物理系，获加拿大多伦多大学博士学位。擅长应用数学、物理学、中文信息学等领域。曾任清华大学副校长、上海大学校长、上海市应用数学与力学研究所所长等职。上海市科普作家协会荣誉会员。编著出版科普书籍《中国历史上的科学发明》等多部，发表科普文章200多篇。

中国近代“力学之父”

力学之父钱伟长，创办院所他担当①。
汉字输入称“钱码”②，评测确立归上档。
奔走城市上百个③，讲演科普数百场。
科学人文培育人，和谐美德精神扬④。

① 1956 年，有中国近代“力学之父”之称的钱伟长与钱学森等创办中国科学院力学研究所，并任副所长。

② 钱伟长 1984 年提出的汉字宏观字形编码，简称“钱码”，是一种简单易学、通俗易懂的新颖计算机汉字输入法。1986 年在国家标准局组织的全国第一届汉字输入方案评测会上，“钱码”在 34 种方案中被评为 A 类方案。

③ 钱伟长到过一百六十多个城市作科普演讲。1950 年他就为科普局所属的中央人民科学馆筹备处举办的大众科学讲座作过首场科普讲演——《怎样学习自然科学》；1955 年开展的和平利用原子能讲演中，他也不止一次作过科普报告。

④ 钱伟长的科普文章有相当一部分是宣传普及科学史、科学思想、科学知识、科学方法、科学精神和展望未来的。他撰写和主编了一些科普书籍，如《中国历史上的科学发明》；参与编写的《现代科学技术词典》等也是广义的高级科普读物。钱伟长注重培养学生的科学思想和人文精神，提倡和谐教育思想和美育思想。

杨雄里

杨雄里（1942－　）浙江镇海人。中国科学院院士。脑科学研究专家。毕业于上海科学技术大学生物物理化学系。曾任中国科学院上海生理研究所所长，复旦大学神经生物学研究所所长，脑科学研究院院长，中科院生理研究所所长，中国生理学会理事长、亚太地区生理学联合会理事，上海市科技传播学会理事长。上海市科普作家协会荣誉会员。擅长科普演讲，听他的演讲是一种享受，他在台上一坐，一开口就别具一种魅力，令不少听众倾倒。曾荣获上海科普教育创新奖“杰出人物奖”。

科学神韵赋新歌

一

杨门虎将闯九州，雄心壮志“小宇宙”[1]。
里程碑上谱名曲，科学神韵赋新歌。

二

脑科前沿君领头，战果辉煌拔头筹[2]。
人脑奥秘探索者，科普讲坛现身手[3]。

① 大脑，是宇宙中最复杂的物体，它凝聚着宇宙中所有的奥秘。破译大脑运转密码、揭开生命之谜，是令无数科学家殚精竭虑的艰难课题。杨雄里称人的大脑为“小宇宙”。第一首藏头诗，是笔者 2014 年 1 月聆听杨雄里院士科普演讲后有感而作。

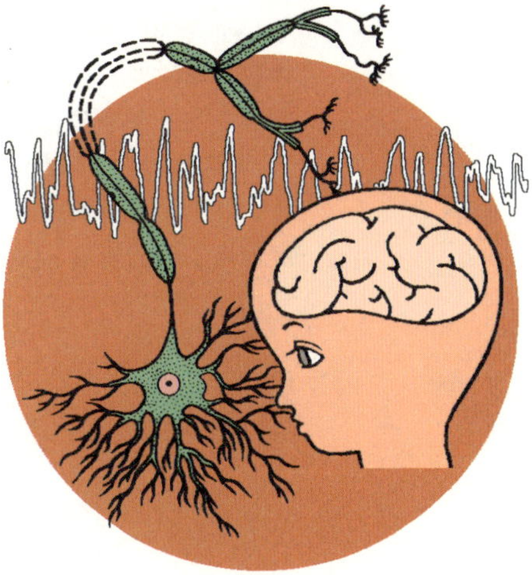

② 杨雄里长期从事神经生物学研究，专注于视网膜神经机制的研究。1988 年被国家人事部授予“国家级有突出贡献的中青年科技专家”称号，1989 年和 1996 年分别获得中科院自然科学一等奖、二等奖。1991 年当选为上海市十大科技精英之一。2006 年获教育部自然科学一等奖，上海市自然科学一等奖。

③ 杨雄里经常通过科普讲座向全国各地公众普及神经科学基本知识，仅 2013 年一年，他就给青少年做了 20 多场科普讲座。他还是《辞海》副总主编、《生理学报》主编、《中国神经科学杂志》主编、第六版《十万个为什么》大脑与认识分册主编。他主编的《大辞海》生命科学卷填补了中国特大型综合性辞典的空白。

叶叔华

叶叔华（1927－　）广东顺德人。毕业于中山大学天文系。天文学家。中国科学院院士。曾任中国科学院上海天文台台长、中国科学技术协会副主席、上海市科学技术协会主席。上海市科普作家协会荣誉会员。是热心科普宣传教育的社会活动家，长年热心指导青少年学生科学实验活动、作科普报告、在广播和影视媒体上演讲等，发表科普文章《人类对地球的新认识》《时间计量工作的发展》和编著《简明天文学词典》等科普著作。

宇宙苍穹小行星

钟爱文学美少女①，天文领域一奇葩②。
艳丽多姿红玫瑰③，国际首席科学家④。
宇宙苍穹小行星⑤，中国上海叶叔华。
热心科普搞宣传，社会公益活动家。

① 叶叔华以第一名的高分考入广州中山大学数学天文系。大二分系时，她选择了天文系，这一选，天文成了她的终身事业。

② 叶叔华成为中国天文史上唯一的天文台女台长，她一举发起对测算综合世界时这一天文难题的探索。在 20 世纪 50–70 年代建立并发展了中国的综合世界时系统，精度从 1963 年起一直保持国际先进水平。1965 年，我国结束了采用别国精确时间讯号的历史，“北京时间” 沿用至今。她积极参与推动的 65 米口径大型射电望远镜系统项目已经建成，在“嫦娥三号”、火星探测器等空间探测工程中发挥重要作用。

③《科学时报》称叶叔华：有如一朵艳丽的玫瑰，她的生命在天文事业中绽放。

④ 叶叔华是我国天文地球动力学的开拓者，致力于现代地壳运动与地球动力学研究。1995 年 7 月，叶叔华去美国参加“国际大地测量与地球物理大会”。正是在这次会议上，通过了她提出的规模庞大的国际合作项目计划，并正式确定由叶叔华领衔主持这个计划。

⑤ 为了表彰叶叔华对我国天文事业作出的贡献，1994 年，紫金山天文台将一颗新发现的小行星命名为“叶叔华星”。

Kepu daka

汤钊猷

汤钊猷（1930－　）广东新会人。肝癌研究、肿瘤外科专家。毕业于上海第一医学院（现为复旦大学上海医学院）医疗系。中国工程院院士。曾任复旦大学肝癌研究所所长、国际癌症大会肿癌会主席。上海市科普作家协会荣誉会员。积极参与科普宣传，是第六版《十万个为什么》医学分册主编。他编著的出版于2000年的《征战癌王》，就如何战胜癌症恶魔，怎样更有效地防治“癌王”——肝癌，为患者提供最权威的答案。曾被中国科普作家协会表彰的科学家和科普作家。

医德医风是灵魂①

抗癌领域带头人，医德医风是灵魂。
推陈出新病员救②，甘为人梯团队盛③。
《征战癌王》为防治，《肝癌漫话》谈传承。
国际演讲九十次④，医学地位被公认。

① 先人一步的思维和不惧风险的创新，是汤钊猷一生不停歇的课题。他鼓励学生：提高疗效，医技是基础、医德医风是灵魂，而两者完美结合，创新则不可或缺。

② 20 世纪 70 年代，汤钊猷把肝癌由原来的“不治之症”变为“部分可治之症”。他提出“亚临床肝癌”概念，实现了肝癌疾病的早发现、早诊断、早治疗，这一创新被国际肝病权威所公认。80 年代，他又一次革新肝癌治疗理论，提出“缩小切除”概念，使过去不能手术切除的较大肝癌，变成可能切除的较小肝癌，进一步提高了肝癌病人的存活率。90 年代，在他的带领下，“人肝转移模型体系”建立，为防治肝癌复发转移、最终攻克癌症难关提供了研究基础。

③ 汤钊猷甘当人梯，放手培养，给年轻人充分的实践机会和发挥空间。他带领的肝癌研究所已形成由第一梯队、第二梯队、第三梯队组成的强大集体，由起初的“七八条枪”发展到今天的上百人，拥有肝肿瘤内、外科和设备完善的教育部重点实验室。

④ 汤钊猷曾任两届国际抗癌联盟理事，两届国际癌症大会肿瘤会主席，一届上海国际肝癌肝炎会议主席，90 多次特邀在国际会议作演讲。

顾玉东

顾玉东（1937－　）山东章邱人。手外科、显微外科专家。毕业于上海第一医学院（现为复旦大学上海医学院）医疗系。中国科学院院士。曾任上海市手外科研究所所长、复旦大学华山医院手外科主任、中华医学会手外科学会主任委员。上海市科普作家协会荣誉会员。在手外科领域创造一个又一个世界第一，被命名为国家级有突出贡献专家，获评全国科技先进工作者等多项奖励。他多次做《认识你的手》等专题科普演讲，2000 年以来，先后在全国及上海广播电台、电视台作科学报告 20 多场。

创新创造成摇篮

世界公认手外科，屡立奇功宏图展。
创新意识是理念，双手勤动成关键[①]。
“二脑”占据多器官[②]，两手掌控少“休闲”。
灵巧双手是宝贝，创新创造成摇篮。

① 顾玉东认为：创新、创意不只是理念，动手十分关键。我们中国人历来重视读书，是很聪明的民族，但至今很少获得诺贝尔奖，很重要的一个原因是动手能力不够。事实上，创新离不开动手。

顾玉东撰写的《心灵手巧——动动你的手，练练你的脑》一文，从“手，人的第二大脑”、“手，创新创造的摇篮”、“手，揭示脑的奥秘”等三个方面，把手和脑的内在联系剖析和描绘得淋漓尽致。

② 顾玉东讲述手与脑的关系：看大脑结构，大脑皮层最大的部分是控制手。控制人的五官的区域加起来占大脑皮层的 1/3，双手占 1/3，其余部分加起来占 1/3。这已足够证明手脑关系的密切程度。

顾玉东希望大家动动手，别让它“闲”着，因为动手有利于改变那种只知死读书的局面。事实上，手是人的第二个大脑、第二双眼睛、第二张嘴巴、第二对耳朵，身体哪个器官能有这么多第二功能？只有手！

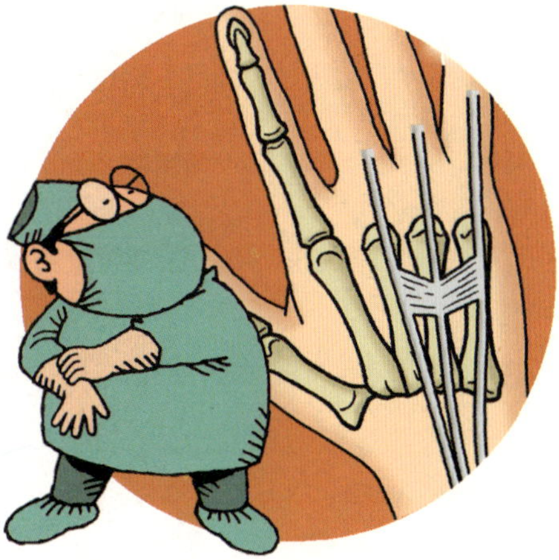

汪品先

汪品先（1936－　）江苏苏州人。海洋地质学家。毕业于苏联莫斯科大学地质系。中国科学院院士。先后在华东师范大学和同济大学任教，历任同济大学海洋地质研究所副所长、海洋地质系主任、海洋地质教育部重点实验室主任等职。曾任中国海洋研究委员会主席。是推动中国深海研究的先行者、国际大洋钻探中国首席科学家、上海市科普作家协会荣誉会员。国家“海洋地质学”和上海市重点学科“海洋地质”的学科带头人。他对于大海是永恒的探究和深情的守望。

深海守望者

大海深处守望者，海洋地质带头人。
认知可以很完美，践行多半是折腾①。
同舟共济赴深海，齐心协力挖潜能②。
科研科普齐投入③，走向海洋更深层④。

① 1999年，国际大洋钻探船“决心号”在南海实施了大洋钻探计划（ODP）第184航次，汪品先为整个航次的两位首席科学家之一。该航次从水深2000米到3300米的海底钻入地层，最深的一口井深入海底以下850米，实现了中国海区深海科学钻探零的突破。

② 各国对海洋资源开发日益激烈。要想获取，必须先搞清楚深海底部“有什么，怎么办”。汪品先带领同济大学“海洋团队”探索和挖掘的，正是这片蕴藏着无尽宝藏的战略领域。2018年5月13日，他乘坐我国自主研制的“深海勇士”号，在南海下潜到1410米海底，发现了以管状蠕虫和贻贝为主体的冷泉生物群和以冷水珊瑚和海绵为主体的特殊生物群。这次重要的发现值得今后进一步深入研究。

③ 汪品先在国内外发表论文百余篇，出版专著十余种。他经常应邀为公众和青少年做科普演讲，宣传中国走向深海大洋的旅程，还担任第6版《十万个为什么》海洋分册主编。

④ 汪品先推动建立海底观测网，即在海底建造气象台、实验室，从海洋内部研究海洋。他说，如果在海底布设观测网，用光电缆供应能量并传输信息，就可以长期连续进行原位观测，随时提供实时信息，将从根本上改变人类认识海洋的途径，所有相关的研究课题都会为之一新。

嵇汝运

嵇汝运（1918–2010）上海人。药物化学家。中国科学院院士。毕业于中央大学。曾任上海药物研究所副所长、中国科学技术协会和上海市科学技术协会委员、中国药学会副理事长、上海市分子科学研究会副理事长。上海市科普作家协会荣誉会员。获得多项国家和中科院自然科学奖、国家技术发明奖；被授予“全国优秀归侨知识分子”称号；先后荣获中国药学发展奖特别贡献奖、何梁何利基金科学与技术进步奖。

新药研究伴一生

新药研究伴一生①，
为民除病是根本。
讲述昆虫信息史②，
逗得孩子笑出声④。

① 嵇汝运毕生致力于新药研究，在抗血吸虫病新药、金属解毒药物、抗疟疾新药、抗心律失常药物和抗感染新药等方面成果卓著。他倡导药物化学与药理学相结合，注重药物的构效关系研究，为我国“化学药理学”的创立做出了开拓性的贡献。发表了200多篇学术论文，出版了20多部学术著作。

②《你了解生命吗》是嵇汝运的科普代表作。他擅长科普演讲，曾在80多岁高龄，仍经常应邀到中小学校去作科普演讲。他讲述趣味很浓的昆虫信息史，常常逗引孩子们哈哈大笑，从而引出自己用生物的生理信息，制造出一些新的农药，去杀死那些有害的昆虫。

Kepu daka

翁史烈

翁史烈（1932－　）浙江宁波人。动力机械专家。中国工程院院士。毕业于上海交通大学造船系。曾任上海交通大学校长、上海市科学技术协会主席。现为上海交通大学教授、博士生导师，上海市科普作家协会荣誉会员。他的目光始终领先于人们的脚步，率先将信息科学和计算机技术引入了传统的动力机械领域。曾任柏林工业大学学术委员会名誉委员，获得美洲中国工程师协会“杰出贡献奖”。

目光领先于脚步

教科领域忙奔腾，动力机械创始人①。
奔驰骏马应培养，驰骋思想先形成②。
科技咨询智慧闪，科普宣传热气升③。
校长职务可离退，教师永远有责任④。

① 翁史烈为热力机械专家，是我国新一代热力涡轮机的开拓者之一。他主持了近 10 项国家重大科研项目，解决了多项燃气轮机关键技术，先后九次获得国家、部委奖励。

② 翁史烈还把眼光投向青少年创新教育这一基础性事业。他是上海市青少年头脑奥林匹克协会的创始人之一，鼓励青少年积极动手参加科技创新活动。他寄予厚望的是：创新思维从娃娃抓起，不仅要培养奔驰的骏马，更要培育驰骋的思想。

③ 翁史烈至今仍担任着上海市中国工程院院士咨询与学术活动中心主任职务，活跃在中国的高等教育和科技领域，积极开展能源、环境科技的普及和咨询，为国家和地方经济发展贡献智慧和力量。他是中国特大型综合性辞典《大辞海》副主编，科普图书《新能源在召唤丛书》主编。

④ 翁史烈 1997 年 6 月离开校长岗位后，忙科研、忙教学、忙社会事务、忙科普专题演讲。他说：“校长的职务可以退休，作为教师的责任却不会减退。”

杨福家

杨福家（1936－　）浙江宁波人。核物理学家。中国科学院院士。第三世界科学院院士。中央文史研究馆馆员。毕业于复旦大学物理系。曾任复旦大学校长、中国科学院上海原子核研究所所长、中国科学技术协会副主席、上海市科学技术协会主席。上海市科普作家协会荣誉会员。为中国特大型综合性辞典《大辞海》副主编。曾担任诺丁汉大学（英国名校）校长、宁波诺丁汉大学校长。目前兼任上海建桥学院名誉院长。

千年华夏第一人

异国大学任校长[1]，千年华夏第一人。
“追求卓越”成信条[2]，“理想主义”传精神[3]。
《博学笃志》树理念[4]，《知识经济》留史痕[5]。
结合专业传知识，作品原创登顶层[6]。

① 杨福家2001年起出任诺丁汉大学校长（连任三届），在中外史上可谓千年华夏第一人。中国科学院院长路甬祥说："这既是他个人的荣誉，也是中国科学家的骄傲。"

② 杨福家眼睛时刻盯着科研的最前沿，"追求卓越"成为他的终生信条。

③ 从杨福家严谨缜密的科学思维背后，看到忧国忧民的情怀和闪烁着的"对人生、对世界、对祖国、对自己、对未来"的理想主义光彩。王沪宁评价他是位理想主义者，他身上"有一种吸引人的特质，这就是毫无迟疑的信念和绝无虚妄的豪情"。

④ 杨福家出版了多部科普读物，其中阐述科学人文理念的《博学笃志》在社会上引起极大反响，成为"科苑撷英"丛书之一。

⑤ 杨福家1998年在《文汇报》和《人民日报》发表了《关于知识经济》《谈谈"知识经济"》等文章，被多家报刊转载。他被称为"知识经济"的"二传手"。他率先在国内引进并阐释了知识经济的概念及对我国经济、社会和教育带来的挑战，在中国科技史及教育史上留下浓重一笔。

⑥ 他撰写的《威力无比的核技术》等科普文章是结合自己专业进行科普创作的典范。

赵君亮

赵君亮（1942－　）浙江宁波人。研究员。毕业于武汉测绘学院天文大地测量专业。曾任中国科学院上海天文台台长、国家天文台副台长、中国天文学会副理事长、中国科普作家协会理事、上海市天文学会理事长等职。长期从事天体物理学研究和坚持面向公众的科普宣传，发表论文百余篇，出版多种专著和译著，编写、翻译和主编多种科普书籍、教材，经常应邀在电台、电视台进行科普演讲。被中国科普作家协会表彰为“有突出贡献的科普作家”，荣获“全国科普先进工作者”称号。

寻找“丢失”的行星①

重要天象刚露相，科普宣传就上场。
迎接长江日全食，撰写超级黑太阳②。
借助媒体讲科普③，利用网络搭长廊④。
登上央视百家坛，“丢失”行星寻找忙。

① 赵君亮2004年曾应邀在中央电视台“百家讲坛”栏目做“人类怎样认识宇宙”和“寻找‘丢失’的行星”两个专题讲座，取得良好反响。

② 每当重要天象出现都为赵君亮的天文科普宣传提供极好的契机。2009年7月22日上午，包括上海、重庆等中国广大地区可以看到本世纪历时最长的日全食。为迎接此次日全食的到来，他与林清编著了《超级黑太阳·迎接2009年长江日全食》一书，在日全食前由上海科学普及出版社出版。

③ 赵君亮多年来在报纸杂志上发表了大量文章，如《四大天王横空出世》(四大天王指：哈勃太空望远镜、康普顿太空望远镜、钱德拉太空望远镜和斯皮策太空望远镜)《银河系的结构和演化》等。主编和翻译的科普书籍包括新世纪版《十万个为什么》宇宙科学分册、《原来如此》无限寥廓的宇宙分册和《人类怎样认识宇宙》等。他在电台、电视台演讲，通过各类讲座向不同文化程度公众进行有针对性的科普宣传，普及科学知识，解释科学方法，宣扬科学精神。

④ 2000年11月赵君亮促成建立网上天文台，利用高科技手段开展天文科普宣传。

陈积芳

陈积芳（1947-　）上海人。高级工程师。毕业于哈尔滨师范大学中文系。曾任上海市科学技术委员会科技管理处、政策法规处处长，上海市科学技术协会副主席，上海市老科技工作者协会会长，上海市科普作家协会常务副理事长等职。长期从事科普管理的领导工作，创造性地开展科普宣传工作，多次荣获全国和上海市的表彰和奖励，是上海市科学技术协会驻会领导层中继高孝冲之后理解科普、投身科普和科普创作的又一位强者。

《科普星雨》百花洒

科技之家传佳话，科普园丁人人夸。
引进国外艺术展①，培育国内两朵花②。
东滩湿地鸟儿会③，珠穆朗玛雪景抓④。
《科普星雨》⑤纷纷落，科普园中百花洒。

① 陈积芳多次考察外国的科技场馆，想方设法引进了德国的《科学隧道》、法国的《居里夫人展》、挪威的《北极光展》、澳大利亚的《奇妙的科学》、英国的《情迷爱因斯坦》、瑞典的《北欧科学家在南京路》等国外优秀科普展出项目，还创办“上海国际科学与艺术展”，丰富了上海科普的内容。

② 陈积芳创建了“上海市科学与艺术学会”和“上海市科技传播学会”，人称他培育了两朵科普花。

③ 科普摄影是陈积芳的一大爱好，不管是国内外旅游还是参观访问，也不管是重大国际科普活动还是小型学术研讨会，他总是身挎照相机，有时还会走下主席台去抓拍有价值的场景或特写。他科普摄影的特点着重于鸟类活动和自然景观，多次到崇明东滩湿地与鸟儿相约，镜头留下了《湿地，鸟类的乐园》《丹顶鹤，醉人的英姿》《八色鸫，中华鸟儿的精灵》……

④ 陈积芳 8 次赴西藏高原，曾爬上高达 5248 米的嘉措拉山，把珠穆朗玛峰的峥嵘收入镜中。

⑤ 陈积芳最近出版的《科普星雨》文集，喻科学技术是浩瀚天空，科普是辽阔翻腾的云彩，他说自己的文字只是一阵雨点，但也可湿润科普百花园。

朱长超

朱长超（1944－2018）上海人。研究员。毕业于复旦大学化学系。曾任上海社会科学院信息研究所研究员。出版科普著作四十多种，发表科普文章一百多篇。被中国科普作家协会表彰为“有突出贡献的科普作家”，被上海市科普作家协会授予“优秀科普作家”称号，荣获“上海市终身学习优秀学员标兵”称号和第七届“上海市大众科学奖”。对科普创作思想和创作方法有很深的研究，他撰写的《现代科普创作思想和方法探讨》荣获上海市科普作家协会论文一等奖。

为爱科普多读书

一

一世人生一曲歌，十个大学不嫌多[1]。
代价多多自承受[2]，科普悠悠心平和。

二

流水匆匆步不停[3]，杜鹃声声苦留春。
孤灯照壁三更月，一卷编成慰我情。

① 朱长超从 2000 年起，利用业余时间刻苦攻读大学 10 个专业，修补自己不完整的知识结构，以此验证一下关于人才学、脑科学的若干理论，为科普创作奠定扎实的基础。攻读的专业有方法论、法学、汉语、文学、学前教育、古典文学、心理健康、中医学、书画、园林等。

② 朱长超从新世纪开始的学习计划，进行了十来年，从退休后开始算起的学习生涯也有十来年了。他的学习并不轻松，也不全是收获。学习是要代价的，有时间的代价，精力的代价，心理的代价，还有金钱的代价。

③ 朱长超热爱科普创作。当他完成名人心理档案的书稿，交给上海辞书出版社后，感到完成任务的轻松感，在回程的路上，吟了这首小诗。

钱平雷

钱平雷（1946– ）浙江慈溪人。高级工程师。毕业于同济大学桥梁与隧道专业。曾任上海中星集团世城实业有限公司董事长兼总经理、上海市科普作家协会副秘书长。现任上海市楼宇研究会副理事长兼秘书长。被上海市科普作家协会授予“优秀科普作家”称号。自 1988 年开始从事科普创作，出版科普图书 6 部，发表科普文章 100 多篇。主编的《原来如此 · 万方纵横的交通》荣获“上海市科技进步奖”二等奖，发表的《城市有轨交通将东山再起》科普文章被评为“上海市优秀科普作品”。

“火箭”发射台

穿越山岳[1]，冲出桥梁。
游记散文速写，众称文理通才[2]。
书法优雅，丹青文采。
科学的智慧，文学的情怀。
广义科普一露头[3]，赢得满堂彩。
新的经济增长点，“火箭”的发射台！
幸福三部曲[4]，一步一台阶。
重起炉灶开新篇，闯荡网络搭平台[5]。

① 钱平雷 1969 年毕业于同济大学，是桥梁隧道专业的高才生。

② 钱平雷知识广博，文理皆通，是一个通才型的科技人员，集科普作家与文学作家于一身。在他的散文集《幸福相对论》中，有一篇文章名叫《步向“通才”的道路》。最近又撰写一文《通才之路》阐述了自己的经历。

③ 钱平雷一直探究科普创作的理论，撰写的《试论“广义科普”》阐述了如果把传统的“科普”称为狭义科普概念的话，与时俱进的“广义科普”概念呼之欲出。他撰写的《科普——新的经济增长“火箭”的发射台》获得上海市科普作家协会论文一等奖。

④ 钱平雷撰写出版的《幸福相对论》(2005 年上海科学普及出版社出版)《幸福就在当下》(2013 年上海科学技术文献出版社出版)《幸福永伴你我他》(2015 年上海科学技术文献出版社出版)被誉为钱氏“幸福三部曲”。

⑤ 钱平雷通过自己的实践，将科普文章在博客、微信或电子邮箱转发，网友可自由自在地欣赏他的作品，高兴时还能点个赞，写上几句评论，起到以文会友的作用，这就是他提倡的网络科普。

Kepu daka

丁德生

丁德生（1930–2012）江苏常熟人。有机化学家。毕业于上海圣约翰大学化学系。曾任上海香料研究所高级工程师、上海市科普作家协会工业专业委员会主任。从事香料化学的研究和开发40多年，曾获得国际香精油贸易协会授予的“杰出贡献奖”。主要科普作品有《水果与鲜花的“活香”与“死香”——您要哪一种？》等。被中国科普作家协会表彰为“有突出贡献的科普作家”。

热点效应解迷惑①

大雾紧锁高压线②，辽沈一带全停电。
连夜写稿迷惑解，不日登报头条见。
积雪转眼即消失③，队员一直很茫然。
低温干燥雪“升华”，罕见气象解疑难。

① 丁德生认为，结合自己的专业，抓住新的发明、新的发现或偶尔发生的“奇特”现象，以及公众感兴趣却又不甚理解的事物进行科学解疑，是一位科学家尤其是科普作家责无旁贷的事。

② 2001 年 2 月 23 日，丁德生从《新民晚报》看到一条令人惊讶的新闻：《大雾使高压线冒火——辽沈建国以来最严重的停电事故纪实》。他仔细阅读并分析了这场大面积停电事故的原因，确认这是一起严重大气污染的大雾所引起的短路事故之后，连夜赶写了题为《让雾害远离城市——由沈阳“2 · 22”停电事故引起的思考》的文章，2001 年 2 月 28 日《沈阳日报》头版头条全文刊登。

③ 2001 年 1 月 6 日《新民晚报》有一则《积雪转眼不见，专家想不明白》的新闻，介绍新疆罗布泊沙漠考察队遇到的罕见气象。丁德生认为，这是一种固体物质不经过液态直接变成气态的物理升华现象。因为当时罗布泊沙漠气温很低而且十分干燥，因此刚落到沙丘上的十分疏松的积雪就蒸发掉了。于是他写了一篇科普短文《积雪“升华”有原因》发表在 2001 年 1 月 9 日的《新民晚报》上。

Kepu daka

王统正

王统正（1928－2015）山东单县人。高级农艺师。毕业于浙江大学果树蔬菜专业。曾任上海农业技术推广服务中心高级农艺师、上海市科普作家协会理事兼农业专业委员会主任。被中国科普作家协会表彰为“有突出贡献的科普作家”，被上海市科普作家协会授予“优秀科普作家”称号。是蔬菜栽培技术推广的高手，善于把实践经验上升到理论，又把理论浅化为通俗易懂的科学知识和实用技术，再通过科技书籍、科普文章及培训班等传授给农技人员和菜农。曾奉派赴西非指导蔬菜种植获得成功，得到农业部表彰和奖励。

吃出健康来

种菜应为吃菜想，引导菜农走市场[①]。
从写种菜到吃菜，科普创作把路闯。
怎样吃出健康来，营养保健有名堂[②]。
《都市农业》新视角，新闻媒介皆欣赏[③]。

① 王统正的创作与蔬菜结下了不解之缘。主要科普著述有《蔬菜高产优质栽培》《吃出健康来》等以及科普文章数百篇。他认为，如今菜农再也不能像过去那样我种什么，你就买什么，而应是你吃什么，我就种什么，这是他经过一番调查研究后创作题材转移的由来。他的科普报告《种菜人应想到吃菜人》帮市郊菜农开了窍，引导他们走上市场经济的新路。

② “吃出健康来”是王统正科普创作题材的飞跃。他毕生专攻蔬菜园艺，但对营养科学有浓厚兴趣，称《吃出健康来》是学习营养科学的读书笔记，希望读者能自觉地运用营养科学规范自己的饮食行为。他经过一番努力，把健康饮食蕴藏的学问真正挖掘出来，变成现实社会的精神财富，促进营养科学走出殿堂，来到民间。

③ 王统正创作题材的转移，引起众多新闻媒介极大的兴趣。他撰写《都市农业》《不要嫌弃“多渣蔬菜”》《食品消费三阶段》《选购蔬菜四标准》《健康饮食五功能》《饮食搭配六原则》等都是媒体主动上门约稿的。

吴小青

吴小青（1925－　）江西人。曾任上海市植保植检站（现为上海农业技术推广服务中心）高级农艺师。她既是一位称职的农业科技工作者，又是一名出色的农业科普作家。曾任上海市科普作家协会理事兼农业专业委员会主任。被上海市科普作家协会授予“优秀科普作家”称号。曾被评为上海市农业先进工作者和上海市“三八”红旗手。

能写能编又能画

《蜂虫》《治螨》姐妹篇[1]，
科教电影誉满天。
能写能编又能画，
虫采虫养绘虫编[2]。

① 《蜂虫》指《金小蜂与红铃虫》,《治螨》指《以螨治螨》，都是科教电影片名，被称为我国科教电影的姐妹篇。前者在国内外博得广泛赞誉，不仅获得农业部、文化部、教育部颁发的“科教片为农业服务奖”，还获得第二届亚非电影节二等奖；后者使美国螨类研究专家看了十分惊喜，连连称赞：“比我过去看过的有关影片要好。”荣获农牧渔业部、中国科协授予的第一届全国优秀农业科教片一等奖。

吴小青早在20世纪60年代初，便和上海科影厂编导韩韦等合作拍摄了《金小蜂与红铃虫》。20世纪70年代末，她主持上海市农作物害虫天敌调查的工作时，发现了一种益螨，是凶恶危害农作物的害螨——红蜘蛛的“克星”。1982年她与韩韦再度合作拍摄了《以螨治螨》这部被称为《金小蜂与红铃虫》姐妹篇的科教片。

② 吴小青是一位多才多艺的科普作家，她既会撰写，又能编辑，更精于绘画，擅长运用形象化的手法普及科学技术知识。她编写的多种科普书籍和绘制的多种图册，出版后受到读者欢迎。1982年由上海科学技术出版社出版的《植保员手册》(增订本)是她把近10年工作实践累积的宝贵资料和新发现的生态意境反映到图中的佳作，采取一边采虫、养虫，一边精心绘制的方式完成。

周　戟

周戟（1936-　）江苏无锡人。副教授。毕业于清华大学机械制造系，曾在武汉大学经济管理学院任教。1977年转向跨学科的学术研究，潜心钻研“系统哲学”和“管理学”，成果颇丰。先后出版《系统学》《和谐哲学初探》《方法百科辞库》等专著；先后担任《原来如此·传输力量的能源》主编（该丛书荣获上海市科技进步奖二等奖）和《战略性新兴产业科普读本》丛书副总编辑；撰写出版超人机器人系列《机器人阿力科沙漠惊魂》和《战略性新兴产业圆中国梦》等科普书籍。

毕生夙愿[①]

人类共建地球村[②]，和谐社会众所望。
天蓝水绿地富饶，国富民强人兴旺。
智能科学是强者，知识技术正能量。
宣传共建地球村，毕生夙愿终了当。

① 宣传“共建地球村”是周戟的毕生夙愿。她在《和谐哲学初探——信息时代的马克思主义》一书的《天人和谐》首语中写道：“自然界虽然威力无穷，但大自然没有目的，而人类社会是有目的的。在高新技术产业化大发展的基础上，人类有能力保护和建设我们共同的家园——地球，达到天人和谐。”有一章她还专门阐述了共建地球村的构想和实施方案。

② 周戟宣传人类“共建地球村”的内容有：社会物质财富极大丰富，人们从事知识生产，新兴产业的高度发展，缓解自然灾害，沙漠绿化，消除环境污染，保护生态平衡，兴建新型城市，海洋开发等。2014 年她主编的《战略性新兴产业圆中国梦》(上海科学技术文献出版社出版）一书，对此已有详细阐述。2016 年她与褚君浩院士主编的《迎接智能时代：智慧融物大浪潮》(上海交通大学出版社出版）进一步阐述共建地球村的内涵。

施鹤群

施鹤群（1938–　）江苏吴江人。高级工程师。毕业于哈尔滨军事工程学院，1963年进入上海七〇八研究所从事国防科研工作，主要担任舰船科研设计。利用业余时间从事科普创作，50多年来编著出版了70多部科普图书，发表科普文章700多篇，其中军事题材占了大部分。被上海市科普作家协会授予“优秀科普作家”称号。着力探索运用电脑实现多媒体科普创作，刻苦学习电脑技术，勇于登上网络，用文字穿梭其间，在网络传播科学知识。

武器装备填满脑

军事学府受熏陶，武器装备填满脑①。
实弹训练脱了靶，悟出射击有门道②。
舰船研究已入门，选择兵器撰书稿③。
科普创作硕果累，军事题材列前茅。

① 施鹤群先后受过军事学院和军事工程学院系统军事教育。在军事学府的6年学习期间，整日跟武器打交道，与军事共命运。面对各种现代化武器，耳濡目染，使他把陆海空三军的武器概貌装进了自己的脑海。

② 施鹤群第一次实弹射击，子弹脱了靶，非常苦恼。后来他认真研究枪支及子弹的构造、射击原理、子弹的运动规律、影响枪弹精度的因素等，再经过自己的刻苦训练，终于取得射击好成绩。为此所写短文在电台广播和在报刊发表，激发起军事科普创作的热情。

③ 施鹤群说："我是吃军事饭长大的人，军事题材成为我科普创作的首选。"他编著出版的军事科普书籍有《枪弹怎样打得准》《子弹头上的科学道理》《现代军舰》《民兵常用武器》《现代新武器》《高新技术与现代武器》《趣味军事》等。

徐传宏

徐传宏（1944—　）江苏江都人。毕业于华东师范大学中文系。曾任上海第二医科大学附属卫生学校虹口分校讲师。编著出版科普书籍《成语中的大千世界》《茶百科》《科普写作技法》等30多种，发表科普文章《宝石中的奇光异色》《不觅仙方觅睡方》等1200多篇，发表科普论文《涉笔成趣，引人入胜——科学小品的趣味性》《用“耳朵”写稿——科普广播语言的表达技巧》等60多篇。被中国科普作家协会表彰为“有突出贡献的科普作家”，被上海市科普作家协会授予“优秀科普作家”称号。

科普情缘

文学科普巧结缘，写作专著求梦圆[1]。
进校开课数十载，人才培训作奉献[2]。
博览群书科普情，茶道文化奇功建[3]。
“飞蛾扑火”趋光性[4]，成语追踪科学渊。

① 徐传宏编著出版的《科普写作技巧》和《科普写作技法》两书，是他运用文学与科普结缘的结晶，被人称为“科普写作专著第一人”。

② 徐传宏自1989年起，连续10年为自己所在的学校开设科普写作课；从2000年起，他为复旦大学医学技术学院、上海中医大学岳阳临床医学院开设医学科普写作课；2004年退休后又专门为华东师范大学本科生开设了《科普写作》选修课。徐传宏也被人称为“科普创作培训第一人”。

③ 徐传宏创作的30多种科普读物内容涉及不同的科学领域，作为一个文科出身的科普作者，可见其博览群书的勤奋和持之以恒的学习毅力。他对中华茶文化产生浓厚兴趣，不断进行探究，编撰出版了《中国茶馆》《茶方美容》《茶百科》等多种读物。

④ 徐传宏注重祖国语言文字的研究，并从语言文字追踪自然科学的渊源，整理编著出版《成语中的大千世界》一书。如“飞蛾扑火”，其实，昆虫喜欢往有光亮的地方飞或跳，是在利用光线辨别方向，动物学称昆虫的这种习性为“趋光性”。

邬志星

邬志星（1944－　）浙江奉化人。高级工程师。毕业于中国科学院上海分院所属上海科学技术学校生物化学专业。曾任上海植物园科普部主任。编著出版《家庭养花》《古石榴枯木逢春》《原来如此（生生不息的植物）》等科普图书 20 多种，发表科普文章 3500 多篇。被中国科普作家协会表彰为“有突出贡献的科普作家”，被上海市科普作家协会授予“优秀科普作家”称号，荣获第四届“上海市大众科学奖”。

“花博士”[1]

民间美誉“花博士”，
著书立说社区传。
开设花卉“门诊室”[2]，
病魔虫害一锅端。

① 邬志星退休以后开设的“邬志星园艺工作室”面向全市社区、学校、花卉爱好者，通过为各媒体、出版机构撰写有关园艺、林业、生态、环保等领域的科普作品，热心传授花卉知识，传播花卉文化，解答养护疑问，被大家称为是民间“花博士”。他的“如何养护有益健康的家庭花草”和“关于花草有毒”的讲座深受听众和读者欢迎。

② 邬志星在徐汇区天平里委开设的“花卉门诊室”义务为社区居民提供咨询。他每周开办一次免费的家庭花卉养护知识讲座，向社区居民传授养花护理技艺，成了沪上一名特殊的“花卉医生”，还经常应邀到各个社区“花卉巡诊”，为求医的花卉“搭脉诊治”，每次都有相当数量的养花人闻讯而来，耐心排队待诊求助。他专心写作、举办讲座、策划展览、设计庭园等，并担任东方广播电台《花鸟鱼虫》节目的特邀主持人，把“绿色”撒播到千家万户。

马志英

马志英（1949－　）江苏常熟人。高级工程师。毕业于华东理工大学。现任上海市食品研究所技术总监、上海市食品协会专家委员会主任、上海市食品学会食品安全委员会主任。第十一届“上海市大众科学奖”获得者，被上海市科普作家协会授予“优秀科普作家”称号。长期从事食品工程、食品生化、食品包装保鲜和食品安全方面的科研工作。主持完成国家和省部级重大科研项目10多项，并获多项国家发明专利。

饮食安全讲攻略

食品安全抓热点，众多媒体齐参战①。
《老马识毒》②设栏目，《什么可吃》③为平安。
科普讲座数百场④，电波传播万万千。
饮食安全讲攻略，科普等同搞科研。

① 马志英近10年来针对公众关注的食品安全热点问题，充分利用电视、电台、讲座、书籍、报纸、杂志、互联网等传媒，开展多种类型的科普活动。

② 马志英与上海电视台新闻综合频道合作录制的《名医话养生》节目之《老马识毒》特别栏目已播出100多场次，收视率在同类节目中占领先地位。

③ 马志英2009年退休后，把工作重心转到食品安全科普事业上，针对公众关注的食品安全热点问题，结合多年科研项目成果和科学实践经验，通过媒体进行宣传。他出版科普著作《什么可以吃——个人饮食安全攻略》剖析食品安全事件，指点饮食防范攻略。

④ 马志英出版多部科普书籍，发行量总计40余万册，发表科普文章200多篇，举行科普讲座240多场次，电台科普专场40多场次等，累计受众近千万人次。

编辑记者

王麦林

王麦林（1925-　）北京人。毕业于延安军委外文学校俄文系。曾任中国科学技术协会普及部部长、科学普及出版社社长、中国科普作家协会秘书长、副理事长，现为中国科普作家协会名誉理事长。集科普作家、科普编辑家、科普翻译家和科普工作领导者于一身，被称为“中国科普战线上的女中豪杰”。2013年6月以个人名义捐赠人民币100万元，设立“王麦林科学文艺创作基金”，用于繁荣科学文艺创作事业，鼓励科普作家更好更多地创作优秀科学文艺作品。

情系科普

一

八路军中红小鬼①，枪林弹雨不惧畏。
延安圣地学俄文，战地争当宣传队②。

二

走进科普大本营③，巾帼岂能让须眉。
科学美术大联姻④，传播知识树权威。

三

中国科普建团队⑤，繁荣创作闪光辉。
青松挺拔夕阳红，仙鹤展翅迎春归。

① 王麦林 13 岁参加革命，14 岁加入中国共产党，是八路军中的红小鬼。

② 王麦林从军到延安，成为优秀俄文学员。1939 年她作为八路军一二〇师二支队主力宣传队员，给部队指战员和民众唱歌、跳舞、演戏，进行抗日保家卫国的宣传，动员民众拥军，促使部队保持旺盛的士气和战斗力。

③ 王麦林 1958 年调任中华自然科学普及协会《知识就是力量》杂志编辑室主任，从此，她与科普结下了不解之缘。

④ 1979 年 11 月 20 日至 1980 年 1 月 25 日，中国科学技术协会与中国美术家协会联合举办我国首次大型科普美术展览，王麦林是科普美展的组织者和领导者。高士其说："科普美展开创了一条科学走进美术领域，美术走进科学领域的道路"。

⑤ 1978 年 5 月 23 日至 6 月 5 日，全国科普创作座谈会在上海浦江饭店召开，王麦林是筹备会的主要负责人。会上发起成立中国科普创作协会（中国科普作家协会前身），王麦林为筹委会秘书长。1979 年 8 月 14 日中国科普创作协会正式成立。

饶忠华

饶忠华（1933—2010）江苏吴县人。编审。20世纪60年代花了5年业余时间，在上海电视大学修完物理专业课程。曾任上海科学技术出版社科普编辑室副主任、《科学画报》编辑部主任、中国科普作家协会副理事长、上海市科普作家协会常务副理事长、名誉理事长。是我国著名的科普编辑家、理论家、评论家，荣获首批中国“科普编创学科带头人”称号。被中国科普作家协会表彰为“有突出贡献的科普作家”、被上海市科普作家协会授予“优秀科普作家”和“优秀科普编辑（记者）”称号。

科普大师

一

中国科普学①，探究投热血。
两种接力棒②，催生科普学。

二

酒肉穿肠过③，科普吐真情。
谈笑风生起，编创心中萦。

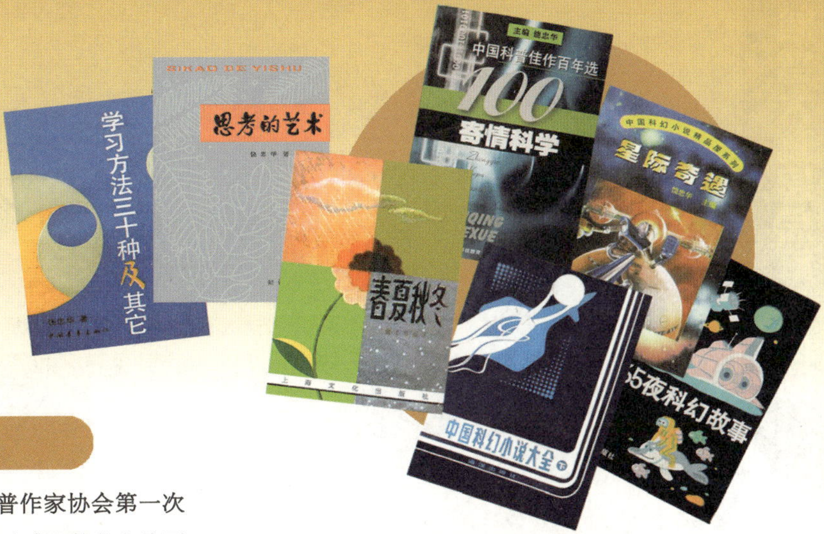

① 饶忠华1979年8月在中国科普作家协会第一次代表大会上，宣读自己的研究论文《从科学史的两种接力看科普学的诞生》(发表于1979年8月9日《光明日报》)，首先提出“科普学”。

饶忠华在科普编创上成就卓越，他撰写的《编创十功》一文荣获“第二届上海市优秀科普作品奖”特等奖；《思考的艺术》一书荣获“第三届上海市优秀科普作品奖”一等奖；《学习的艺术：活读》小品获《劳动报》颁发的知识小品大赛一等奖。他是我国科普界享有盛名的理论研究与编创实践相结合的大师级人物。

② 饶忠华在论文中说：“一部科学史，离不开两种接力。第一种是从下而上、攀登科学技术高峰的接力，这种接力就好像体育中的接力赛那样，有快有慢，其速度往往与第二种接力有关。第二种接力是从上而下、普及科学技术新成就的接力，这种接力愈快，参加的人愈多，其中一部分人就会成为第一种接力的接班人，壮大攀登科学高峰的队伍，从而大大加快了第一种接力的速度。”

③ 饶忠华很好客，在家中常喜欢以酒款待志同道合的同仁，畅叙科普情缘，切磋编辑和创作技艺。

汤寿根

汤寿根（1932－　）上海人。编审。毕业于华东化工学院（今华东理工大学）无机化学系。曾任《科学通报》编辑、《力学学报》编辑部主任、《现代化》杂志编辑部主任、《科普创作》杂志编辑部主任，科学普及出版社副社长、副总编，中国科技期刊编辑学会副理事长、中国科普作家协会副理事长，现为中国科普作家协会终身荣誉理事。由于对科普编辑工作所作的贡献，中共中央宣传部出版局将其业绩收入《编辑家列传》。

耄耋老人迷科普

学成想当工程师①，错成小编差阴阳。
感悟花脸涂书信②，愿作他人嫁衣裳。
书生老去科普在③，耄耋伏案图书香。
科普美学育英才④，实为世人留芬芳。

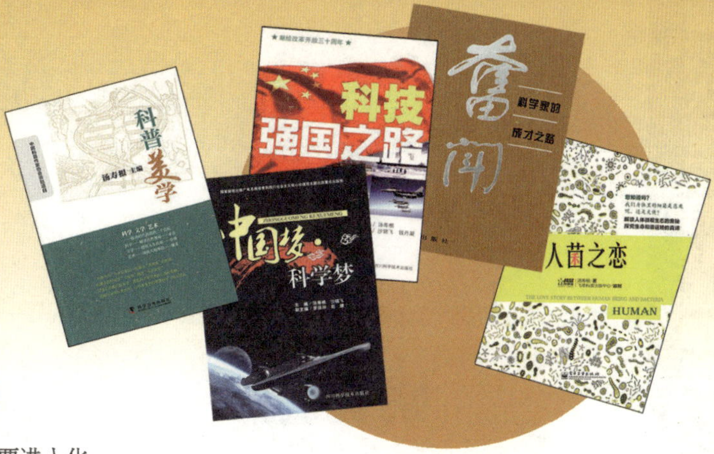

① 汤寿根从华东化工学院毕业后，曾立志要进入化工厂当助理工程师。但是，阴错阳差，被国家统一分配到中国科学院政策研究室当助理编辑，这让他苦恼了整整两年。

② 汤寿根当初给作者或读者草拟的信件，每次都会被室主任涂改成“大花脸”。这激发了他的自尊心，通过寻师访友，下了一番苦功夫之后，终于爱上了“为他人作嫁衣裳”。

③ 汤寿根 1992 年退休，先后在有关社团组织任职，尤其是在中国科普作家协会主持常务工作的 8 年，工作忙累，身心疲惫。2007 年终于全退了，此后是他科普创作的黄金时代，几乎全部著作都出自这段时期。“暂为夕阳留真采”，“真”为求真之意；“采”作精神之解。

④ 2014 年 8 月 9 日《中国科学报》记者张晶晶采访他，发表“耄耋老人迷科普”的报道：“这位 82 岁的‘科普老兵’，退休后仍活跃在科普创作的第一线，他关心科学，更关心科学为普通人带来的改变”，理论书籍《科普美学》也已由科学普及出版社 2016 年 8 月出版。

Kepu daka

姚诗煌

姚诗煌（1944— ）浙江绍兴人。高级编辑。曾任《文汇报》科技部主任、上海市科学技术协会常委、上海市科技传播学会理事长、上海市科普作家协会常务副理事长。荣获首批中国“科普编创学科带头人”称号。被评为“全国科普先进工作者”。被上海市科普作家协会授予“优秀科普作家”和“优秀科普编辑（记者）”称号。作品曾获全国优秀科普作品奖。虽未受过正规新闻教育，但“自我设计”出将“新闻采访＋专刊编辑＋课题研究”三结合道路，成为在科技界有一定影响的软科学方面的专家。

知己·追求

科技眼光看社会，社会角度看科技。
抓科技中的新闻，抓新闻中的科技。
报纸专版显特色，主编掌管见功底①。
科学人文访大师，众多大师成知己②。

① 姚诗煌办报纸科技副刊的特色是：科技眼光看社会，社会角度看科技；抓科技中的新闻，抓新闻中的科技。在科技宣传中，敢于维护科技工作者的正当权益，被科技界传为佳话。他在实践中注重探索科技传播的理论，撰写科学评论。他认为，要当好一名科学记者、科普编辑，必须努力使自己成为一名科普作家。

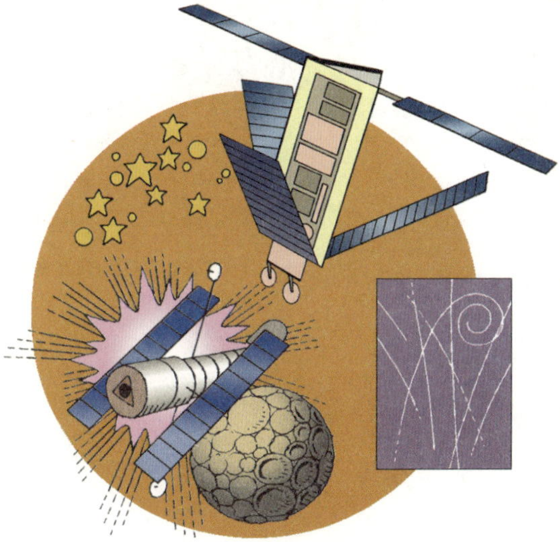

姚诗煌科学知识的功底很深厚。他广泛涉猎各种与科学有关的书籍，尽量将自己做厚，凭借这股子钻劲，对科学家的话语系统越来越熟悉，共同语言越来越多，能够就某一学科与科学家进行对话。他采访科学家不是单向的一问一答式，而往往能与采访对象双向交流，跨学科地纵横沟通，为对方提供信息，引起采访对象的兴趣和重视。

② “发掘人文内涵，走近科学大师”，这是姚诗煌主编《文汇报·科技文摘》和科技报道的又一指导思想。30 多年来，他与丁肇中、杨振宁、李政道、朱棣文以及钱学森、周光昭等大师，都建立了很好的关系。他主编的版面和科技报道，成为科学家和大众心灵沟通的一座桥梁。

李文祺

李文祺（1946－　）上海人。高级记者。毕业于上海黄浦区工业大学。曾任《解放日报》驻京办事处主任、中国科普作家协会理事、中国科技新闻学会理事、上海市科普作家协会理事、上海市科技传播学会副理事长。撰写出版《南极之行》等科普书籍多种，发表科普文章数百篇。被中国科普作家协会表彰为“有突出贡献的科普作家”，被上海市科普作家协会授予“优秀科普作家”和“优秀科普编辑（记者）”称号。荣获第六届“上海大众科学奖”和“范长江新闻奖”。

脚踏“两极”，亲历“神舟”

一

南极考察“向阳红”，海天浪涌船颤抖。
“雪龙”发现北极熊，甲板瞬间满人头。
船长沉着战波涛，记者冒险抢镜头[1]。
传奇色彩刚出现，上海立即消息走。

二

“神舟”发射他忙碌[2]，升空瞬间被抓住。
戈壁沙漠火箭升，《解放日报》真相露。
珍贵资料进展馆，摄影精品无计数。
航天喜讯传人间，身负重伤岂在乎[3]。

① 李文祺在用笔和相机记录和传播近 40 年来中国科技发展的丰硕成果和科学家人生风采的同时，也记录了自己的传奇人生。他分别于 1984 年和 1999 年跟随向阳红 10 号和雪龙号考察船首航南极和北极，是中国科学考察队的随队记者，堪称脚踏“两极”第一“记”。

② 李文祺并不是专业摄影师，出于新闻报道的需要，手上的海鸥照相机成了他的锐利武器，屡屡立下战功。他还是从“神舟一号”飞船最初的艰难起步直到“神舟六号”飞船的太空之旅发射的现场记者，堪称神舟飞船的见证者。

③ 2005 年 10 月 12 日，李文祺用相机拍摄了画面有些倾斜的 4 幅新闻照片：预备发射、点火、升空、飞向宇宙，记载“神舟六号”的精彩瞬间。这是他在采访途中遇车祸造成胸椎骨折，强忍疼痛坚持完成的作品，而后立即被担架抬上飞机送回北京治疗。

方鸿辉

方鸿辉（1949-　）浙江慈溪人。编审。毕业于上海师范大学物理系。曾任上海教育出版社编辑、中国科普作家协会理事、上海市科普作家协会副理事长。先后创作、编写（译）、主编、策划出版《院士怎样做人与做事》《中国科学院院士自述》等科普图书几十部。被中国科普作家协会表彰为“有突出贡献的科普作家”，被上海市科普作家协会授予“优秀科普作家”和“优秀科普编辑（记者）”称号。荣获第六届“上海市大众科学奖”和上海科普教育创新奖“科普贡献奖”一等奖。

院士的知音

初中学生高校升，身体残疾笑人生[①]。
艰苦奋斗迎辉煌，科普书籍超等身。
《科学梦与成才路》，院士人生被感悟[②]。
优秀科普作品奖，誉称获奖“专业户”[③]。
刻意追求选题新，《院士自述》是缩影。
《肝胆相照》吴孟超，人格魅力现真情。
科普创新本土化[④]，坚持原创莫偏差。
千名院士成神交，知己知音传佳话。

① 1977年恢复高考后，方鸿辉以六六届初中毕业生的身份去应考，因高分被清华大学工程热物理系选入，却因“家庭出身问题”，后来阴差阳错地进入上海师范大学物理系。毕业后成为上海教育出版社一名编辑。由于少年时期罹患的关节炎病情日益严重，他忍着疼痛坚持锻炼，身着钢丝背心投入工作，勤奋努力，夜以继日，笔耕不辍，出版了大量科普著作。

② 方鸿辉的科普作品中，宣传科学家的精神风貌成为编写特色，前后通过报刊、书籍热情介绍了全国近千名两院院士，并亲自采访严东升、钱伟长、谢希德、谈家桢、吴孟超等130多位上海地区的两院院士，也因此成了两院院士的知己、知音。

③ 全国及地方的优秀科普作品评选活动中，他编写的作品每每获奖，前后获得各种奖项50多次，有“获奖专业户”的美誉。

④ 方鸿辉认为，本土化原创性是科普原创之核心。原创科普作品要重视科学与人文的贯通，处理好引进与扶植本土化原创科普的关系。

Kepu daka

贺锡廉

贺锡廉（1948－　）祖籍湖北。编审。毕业于华东师范大学中文专业（自学考试）。曾任上海科学技术出版社《自然》杂志编辑、上海人民广播电台总编室主任、上海文化广播影视集团《广播电视研究》杂志副主编、中国科普作家协会理事、上海市科普作家协会副理事长等职。荣获首批中国“科普编创学科带头人”称号。被中国科普作家协会表彰为“有突出贡献的科普作家”，被上海市科普作家协会授予“优秀科普作家”和“优秀科普编辑（记者）”称号。

永不磨灭的轨迹

圈圈水波他爱玩[1]，
无线电波掌中揽。
永不磨灭的轨迹[2]，
千家万户科普缘。

① 贺锡廉从小就爱上“水波”和“电波”。“水波现象”很能使人产生美的感受，充满谐趣。他后来从中学物理书上得知，空中的无线电波与河中的水波在运动形态上是相似的，这使他对电波又加深了印象。1984 年初他通过招聘进入了上海人民广播电台工作。

② 贺锡廉在上海人民广播电台编写科技人物的广播录音报道，开设具有特色的《名医坐堂》和《名家解答“十万个为什么”》等品牌节目，传送到上海本市乃至江苏、浙江地区的千家万户。

贺锡廉采写的科普录音报道和科普广播节目多次获得有关奖项，如《两院院士展望新世纪》系列广播讲座获得时任上海市市长、中国科学院院士徐匡迪的赞誉。徐匡迪在为同名书作序时写道：“这套节目水准高、前沿性强，且知识性与通俗性融为一体……是实施科教兴市战略的一部好教材。”贺锡廉还撰写了许多科普论文和科普书籍，入选上海人民广播电台“十佳编辑记者”，成为中国科普广播事业难得的人才。

臧志成

臧志成（1944－　）上海人，祖籍江苏盐城。科技摄影专家。曾任《文汇报》主任记者、上海市科普作家协会影视专业委员会副主任、组织委员会主任、上海市科技传播学会副秘书长。作品多次在国内外获得大奖，被上海市科普作家协会授予“优秀科普作家”和“优秀科普编辑（记者）”称号。凭借自己的技艺和巧妙借助各种现代技术手段，运用“镜头语言”始终对准科技战线的人和事、情和景，在影像世界里巧夺天工，赢得读者、观众之心。

留下影像天地

一

臧门影艺筑高台，志在必得满荣载。

成功之母靠勤奋，科普园中百花开。

二

技艺大赛“武状元”[1]，“闭门羹”后结情缘[2]。

瞬间捕捉形象美，历史场景再重现。

① 臧志成一心一意钻在暗房技术上，学徒还没有满师，就在上海特级照相馆——人民照相馆暗房独当一面。当时，照相馆的学徒也要“毕业”考试。这种考试就是参加社会同行的技术比武，分作三档：第一档是本区的技术比武，优胜者可以参加第二档即下一轮几个区联合的大比武，拔尖者再参加第三档上海全市的大比武。他竟然获得三挡三个第一名，成为名副其实的“武状元”。

② 凡是获得国家表彰奖励或授予荣誉的科学家，臧志成都要用相机留下他们最美丽、最生动、最感人的灿烂瞬间并向公众传播。只顾埋头搞研究，莫问登门采访事，这是臧志成在采访科学家时常遇到尴尬或吃“闭门羹”的感受。我国著名实验胚胎学家、细胞生物学的奠基者、上海细胞生物学研究所所长庄孝惠在耄耋之年获得中国科学院一等奖后，臧志成在采访他的过程中吃了好几回“闭门羹”。当庄老看到臧志成为自己拍摄的艺术形象时赞不绝口，特地将这幅照片放大挂在自家客厅里。正是有了这一幅照片以后，庄老“改变了态度”，臧志成的摄影神力打动了科学大师的心，从此两人结下深厚的友情。

美术影视

张乐平

张乐平（1910–1992）浙江海盐人。毕生从事漫画创作，画笔生涯达 60 个春秋。他所创作的三毛形象名扬海内外，被誉为“三毛之父”，是中国当代最杰出的漫画家之一。于 1978 年 11 月成为上海市科普作家协会（当时名为上海市科普创作协会）首届顾问，“普及科学”成了他画笔下不可缺的内容。1988 年被上海市科普作家协会授予“荣誉会员”称号。

三毛爱科学①

三毛跟随时代走，
身边科学出他手。
三毛之父古稀年，
勤奋好学精神抖。

① 自20世纪70年代开始，“普及科学”这个主题便常常萦绕在“三毛之父”的脑际，他努力从基础科学、身边科学、新兴学科和尖端技术中发掘漫画题材，赋予三毛最典型的时代特征。于是，糖纸观日食、酚酞溶液显字形、火箭升天、太阳能发电器、激光切割、电光捕鱼、敲杯音乐、遥控飞机捉老鹰等等三毛爱科学的组画一一问世，并荣获中国首届科普美术展览荣誉奖。

1981年全国科学漫画展览会上，张乐平的一组题为《算对啦》的作品，画的是三毛起先为机器人怎么会将7+8算成11而纳闷，后来终于从机器人头上3根辫子的调节器中找到了原因的过程。这组形象生动的科普漫画获得参观者一致好评，成为获奖作品。

1985年，张乐平的《三毛爱科学》被湖南少年儿童出版社编辑成书出版，成为新时代少年儿童喜爱的爱科学、学科学的榜样。从《三毛爱科学》一书内容丰富多彩，涉及多门基础学科和新兴科学，可见当时已迈入古稀之年的张乐平热爱科学、刻苦学习的精神热情。

Kepu daka

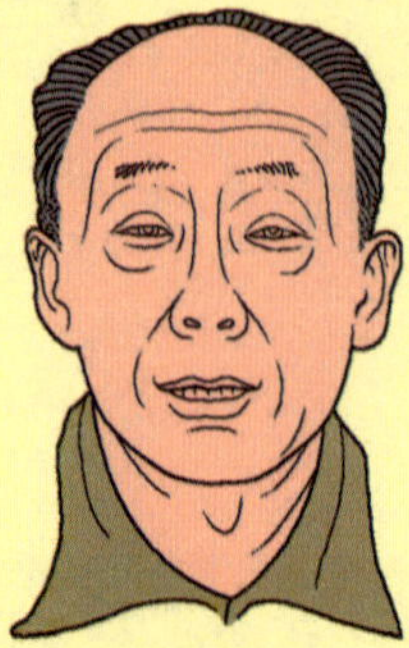

胡永光

胡永光（1927–1998）浙江宁波人。科普漫画家。曾任上海科学技术出版社《科学画报》编辑部副主任、上海市科普作家协会理事兼美术专业委员会主任。曾被中国科普作家协会表彰的科普作家，被上海市科普作家协会授予“优秀科普作家”和“优秀科普编辑（记者）”称号。

无师自通

全凭爱好非科班，无师自通身手展[①]。
“制图办班”[②]首创者，《科学画报》副领班。
艺术语汇特色具，科普漫画鳌头占[③]。
团结科普漫画人[④]，坚守阵地美名传。

① 胡永光并非科班出身，早年供职银行，全凭兴趣爱好，刻苦钻研绘画艺术，同时专心学习各种自然科学知识，形成了自己独具特色的漫画风格。他转入《科学画报》工作之后，广泛运用漫画艺术宣传科学技术知识，将深奥严肃的科学技术知识演绎得有声有色，令人过目不忘。

② “科普美术制图训练班”是上海科学技术出版社于 1978-1980 年创办的，胡永光是首创者之一。这个训练班为出版系统培养科普美术编创人才作出很大贡献，参加训练班的学员遍及各个出版社，成绩骄人。

③ 胡永光的漫画作品《相对论》是在《科学画报》插图基础上创作绘制的，获得 1979 年第一届全国科普美展一等奖。他与蔡康非合作的漫画作品《共用沼气好》荣获 1987 年“全国农村科技致富科普美术展览”一等奖、《人工合成牛胰岛素》荣获 1990 年“美哉中华、爱我中华”全国科普美展一等奖。

④ 在胡永光的指导带领下，上海科学技术出版社有一批科普漫画人，如蔡康非、刘熊、白庚和、韩鹤松等一直坚守在科普阵地上，成为上海科普漫画界的中坚力量。

Kepu daka

顾世鸿

顾世鸿（1938–2012）浙江宁波人。科普漫画家。毕业于中国人民解放军海军第二航校。曾任上海科美广告装潢公司总经理、上海市美术家协会漫画学会秘书长、上海市科普作家协会副秘书长。出版科普漫画图册《上海社区学校漫画风采》《中国美术家协会美术家会员图册》等多种，发表（参展）科普漫画50多幅，其中《“虫”的自由》等作品在全国漫画展中获奖。被上海市科普作家协会授予“优秀科普作家”称号。

科普漫画人①

古有伯乐识宝马②，
今有“宝马”寻伯乐。
科普漫画牵头人，
献身科普心愿了。

① 顾世鸿待人诚恳、热情，很尊重沪上老漫画家。在上海市科普作家协会组织的科普漫画展创作动员会之前，他总会上门邀请沈天呈、杜建国、孙绍波等一批著名漫画家参与，力求群贤毕至，百花纷呈。在上海漫画家的心目中，顾世鸿不仅是一位创作上的“科普漫画人”，而且还是一位优秀的科普展览策划人和组织者。

② 顾世鸿为了落实科普漫画展的赞助单位，常身背自行设计精制的展板，以上海市科普作家协会和上海美术家协会漫画学会代表的身份上门游说，强调科普展览对社会、对单位的特别意义之所在。一次不行就三次五次，他的锲而不舍深深感动对方。经他游说由上海市禁毒委员会赞助举办的“珍爱生命，远离毒品”科普漫画展览就是突出一例。上海市禁毒委员会还特意为此申报，评他为“上海市禁毒先进工作者”。有人戏说：“古代有伯乐识宝马，如今是‘宝马’寻伯乐。”

用漫画宣传科学和科学精神是顾世鸿一生的心愿。在他生命最后一个月里，还用颤抖的画笔为第二届“三毛杯”中国漫画大赛创作了以自然和谐为主题的《生态卫士》，该作品被浙江海盐的张乐平纪念馆永久收藏。

夏振亚

夏振亚（1939— ）江苏阜宁人。国家一级导演。毕业于上海电影专科学校摄影系。曾任上海科学教育电影制片厂编导、上海振亚影视公司总导演、中国电影家协会理事、上海市科学技术协会常委、上海市文学艺术界联合会委员、上海市科普作家协会理事。创作编导的科教片多次荣获国内外大奖，被国务院授予“有突出贡献的科教电影艺术家”称号，荣获首届“上海市大众科学奖”。

江东才子[1]

科学与艺术同行[2]

艺术才华是抒情，科学能量为论理。
情理碰撞爆火花，名扬天下齐赞美。

世界美誉的“心”

银幕心脏全离体[3]，《冠心病》片惊天地。
赶超国际“中华牌”，夏氏科影又出奇。

“三栖艺术家”[4]

电影文学与书画，江东才子夏振亚。
散文《神交》诗韵浓，珍藏“夏鱼”[5]成佳话。

① “江东才子，文坛人杰”这是著名作家峻青 1991 年对夏振亚的题词。

② 夏振亚撰文分析：在当今文坛上，影视创作领域中，甚至在自身的科普园地里有一种怪现象，那就是有些人认为“艺术才是抒情”“科学只是论理”，这“情”和那“理”不可统一。他认为科学家的聪慧才智与科普作家的才情才华融合，产生碰撞，爆发出的应该是科学美与艺术美相结合的火花。这种碰撞，就如同原子核聚变，释放的能量以几何级猛增。

③ 夏振亚为使《冠心病》在艺术创作上有所突破，立意让这部科教片打出“中华牌”，赶超国际水平。他提出了心脏全离体的构想，经试验最后采用狼狗心（置于体外）来拍摄。1983 年《冠心病》被文化部授予优秀影片奖，1985 年在意大利巴马国际电影节上又被评为杰出影片，授予金质勋章。

④ 中央电视台以《中国影坛奇才——夏振亚》为题，全面介绍了这位集电影、文学、书画“三绝”于一身的“三栖艺术家”。

⑤ 夏振亚在《神交·鱼跃》一文中说：“我画的‘鱼’，在上海‘朵云轩’挂出一‘条’，卖掉一‘条’，生意火得很。”“‘鱼’持续热销，‘鱼’游到了大江南北，游到了海外，向我要‘鱼’的人就多起来。”有的自己要了还要转送他人。

倪既新

倪既新（1948-　）浙江杭州人。主任编辑。毕业于上海电视大学。曾任上海电视台编导。现为中国科普作家协会会员、上海市科普作家协会会员。编导的科普电视专题片、纪录片和专栏节目在参加全国乃至国际电视节目评比中，共获40多个奖项，被评为“全国十佳优秀电视制片人”。业余从事写作，发表小说、散文、时评、诗歌、小品等500余篇，出版科普专集《长空群鹰》《太空战戟》（与人合作）先后获得中国教育图书奖和上海市优秀科普作品奖。

追求审美

引导观众爱科学，
电视画面凝心血①。
精神支架是人文②，
科普审美潜力掘③。

① 倪既新精美的电视画面凝聚着编辑的心血。倪既新摄制《杨振宁》《张香桐》《谢希德》《谈家桢》《李国豪》等科学家传记电视系列片前，会先攻读他们的著作，了解他们的专业，争取与拍摄对象有共同语言，得到对方的认同与信任，每部电视片背后都集聚着难以胜数的付出。

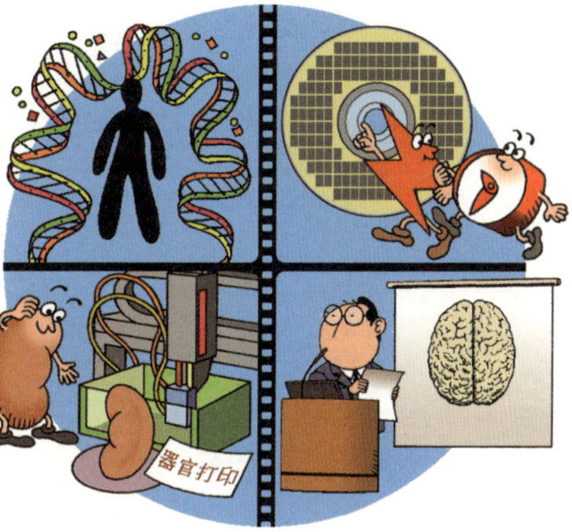

② 倪既新认为，人文内涵应是科普节目的精神支架。他在 20 世纪 90 年代初编导科学家传记片《科学精英》之一的《张香桐》时，为了用最直感传神的画面来表达刻画科学家的内心和神韵，与摄制组的伙伴一起寻访张香桐出生、求学的历史故地，记录其平时工作、生活的真实细节，凭这些，向公众全方位展示了一位科学大家、脑研究领域泰斗的形象。

③ 倪既新认为：自然与科学审美是科普节目成功的要素。科普节目应该向观众展示和介绍平时看不到的自然景观、生命奥秘和高新成就，使观众获得信息、开阔眼界和增长智慧，同时还被科学之美震撼，受到愉悦感染，以此提高关注科学的兴趣，进而相信科学，热爱科学，养成用科学思想、科学精神对待生活和工作的习惯。

Kepu daka

徐 通

徐通（1935-　）北京人。摄影师。毕业于北京红专大学。曾任上海航天局八〇七所摄影师。上海市科普作家协会会员。创作摄影作品（多数为航天作品）数万幅，发表和参赛、参展的航天作品多次获奖。他善用摄影艺术和胆略，凭借镜头记录下稍纵即逝、美丽壮观的中国航天画面，记载了无数次火箭升空、导弹发射的瞬间，向中国乃至世界传送中国航天事业腾飞的生动信息。

记载中国航天史

身背相机五十年[1]，走南闯北伴科研。
抢占海上制点高，陪着导弹做试验。
调节相机对镜头，瞄准火箭留瞬间。
传颂中国航天史，了却徐公一心愿。

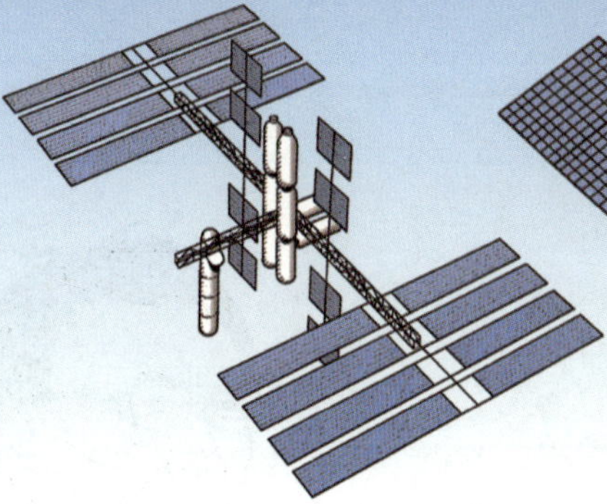

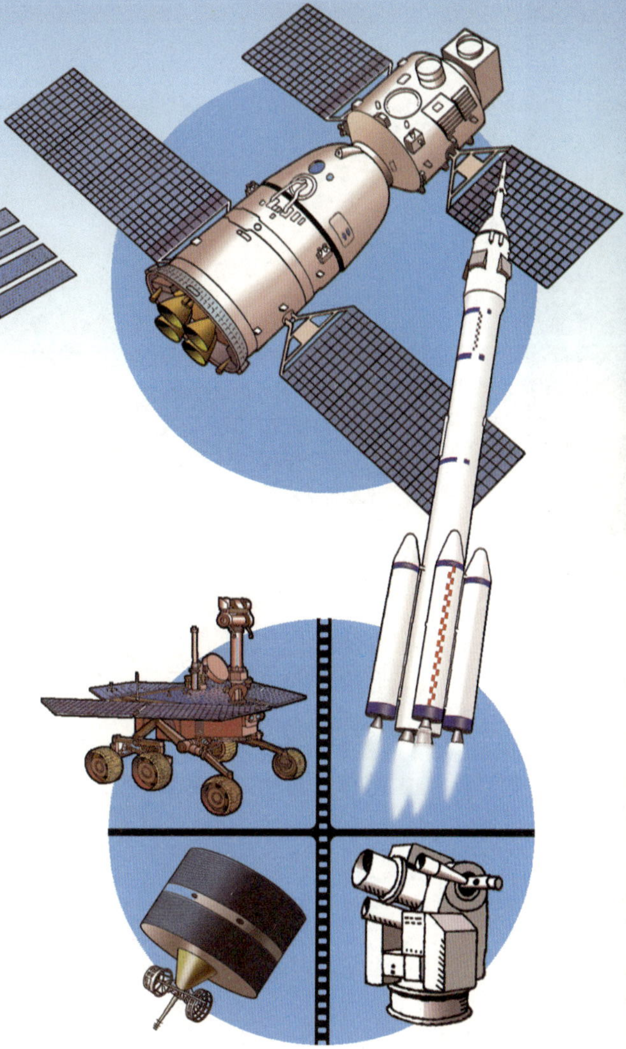

① 徐通从22岁开始从事航天专业摄影再也没有放下过相机，一干就是四五十年。这段时间里，他背着相机，跟随一支支导弹试验队伍，跟随一批批火箭研制科研人员，走南闯北，走遍了中国各大航天基地。哪里有新型导弹的发射，哪里就有他的身影；哪里有长征火箭升天，哪里就有他的足迹。他用相机记录了新中国的航天发展史。

徐通为了拍摄完整的试验画面，常“陪同”导弹经受恶劣条件的考验。一年寒冬某型号导弹在野外零下30℃的气温条件下进行露天试验，他将相机藏在羽绒服中保温，等到导弹发射时取出以保证相机有10几秒钟瞬息正常运转的温度，抢拍导弹试验的全过程。

徐通在2003年“神舟五号”飞船成功升天返回的前夕，参与策划“中国航天科普摄影图片展览”（100多幅写真图片），参展作品中他拍摄的现场照片达50多幅。该展览在“神舟五号”返回的当天于徐家汇绿地公园展出，后又在上海有关社区巡回展览，还同“神舟五号”航天飞船的模型、返回舱及杨利伟穿过用过的实物等一起在上海科技馆展出。举办这样的航天科普摄影图片展览，了却了徐通的一桩心愿。

项先尧

项先尧（1954— ）浙江定海人。毕业于华东师范大学中文系。曾任上海科学教育电影制片厂编导、上海电视台编导、上海市科普作家协会理事、上海市电影家协会会员。20 世纪 90 年代后期，随着“影视合流”的大潮到了电视台。他坚持拍摄科教片，人称科教电影界最后的老兵。他编导的《中国大鲵》《中国珍稀物种》系列科普纪录片获得多个奖项，并获得上海市科技进步奖一等奖，实现了科普影视一等奖零的突破。

科影最后的老兵

科影老兵排艰难，率队扬起新风帆。
探密“大鲵”小溪趟①，追寻“岩羊”大山翻②。
观察扬子鳄出洞③，跟踪金丝猴爬山④。
艺术跨到学术界⑤，拍片酷似搞科研。

① 项先尧如今60多岁的人，却依然在做年轻人做的事情，接过《中国珍稀物种》系列科普纪录片的导筒，穿上冲锋衣，扛起摄像机，时而在西北荒漠，时而在沿海沙洲……

中国大鲵又称娃娃鱼，是自然界在几亿年的大浪淘沙中，给人类留下的来自远古的生灵。项先尧为了拍摄夜间活动的大鲵，第一个挽起裤脚走到漆黑的小溪中间寻觅。

② 项先尧带领摄制组五度深入宁夏、青海等无人区，翻越险峻陡峭的崇山峻岭，连续数月跟踪岩羊群足迹，历时一年拍摄到诸如在食物匮乏、环境恶劣的情况下，岩羊如何生存等诸多难得的镜头。

③ 项先尧在拍摄扬子鳄时，为了等一个鳄鱼出洞的镜头，坚持观察3个小时。

④ 2013年项先尧带领摄制组第四次深入充满神奇色彩的神农架，在零下十几摄氏度的冰天雪地中拍摄金丝猴。

⑤ 项先尧30多年来按照科教电影的拍摄规律来要求自己，从没有半点马虎。他在筹拍《川金丝猴》前，先查阅大量关于金丝猴的文献，并精读了3本研究金丝猴的专著。他风趣地说：“拍科教片有时就像搞科研，仿佛一下子从艺术界跨到了学术界。”